Boethius

Trost der Philosophie

Boethius

Trost der Philosophie

Aus dem Lateinischen von
Eberhard Gothein

ANACONDA

Textgrundlage dieser Ausgabe ist der Band Anicius Manlius Severinus Boethius: *Trost der Philosophie*. Übersetzt von Eberhard Gothein. Herausgegeben von Marie Luise Gothein. Berlin: Verlag Die Runde 1932.

MIX
Papier | Fördert gute Waldnutzung
FSC® C083411
FSC
www.fsc.org

Penguin Random House Verlagsgruppe FSC® N001967

2. Auflage

produktsicherheit@penguinrandomhouse.de
(Vorstehende Angaben sind zugleich Pflichtinformationen nach GPSR)
Umschlagmotiv: Boethius listens to the instruction of Philosophy while Fortune turns a wheel, from »De Consolatione Philosophiae«, c.1460 (vellum); © Wallace Collection, London, UK / Bridgeman Images.
Wabenmuster: shutterstock / missis
Umschlaggestaltung: www.katjaholst.de
Satz: InterMedia – Lemke e. K., Heiligenhaus
Druck und Bindung: CPI books GmbH, Leck
ISBN 978-3-7306-1106-7
www.anacondaverlag.de

Inhalt

ERSTES BUCH

I Der ich Gesänge vordem in blühendem Eifer vollendet,
Wehe, wie drängt das Geschick traurige Weisen mir auf.
Also schreiben mir vor voll Schmerz die verwundeten Musen,
Tränen von echtestem Leid haben ihr Antlitz genetzt.
Konnte sie doch allein der Schrecken nimmer besiegen,
Als Gefährten nur sie folgten allein meinem Pfad.
Was die Zierde einst war glückselig blühender Jugend,
Ist dem trauernden Greis Trost noch in Todesgefahr.
Unvermutet erschien vom Leide beschleunigt das Alter,
Jahre häufte der Schmerz auf das ermüdete Haupt.
Von dem Scheitel zu früh ergrauend wallen die Locken,
Schlaff erzittert und welk mir am Leibe die Haut.
Seliger Tod, der sich nicht drängt in die Freuden der Jugend,
Der dem Trauernden nur häufig gerufen erscheint.
Ach er wendet sein Ohr verschlossen dem Flehen der Armen,
Grausam weigert er stets Ruhe dem weinenden Aug'.
Schon da das wankende Glück noch flüchtige Güter gespendet,
Schien das Haupt mir versenkt fast in der Stunde der Angst.
Jetzt da es wolkenverhüllt das trügende Antlitz gewendet,
Da mir das Leben verhaßt, schleppt sich unselig die Zeit.
Warum prieset ihr einst mich oft so glücklich, o Freunde?
Wer so stürzte, der stand niemals auf sicherem Fuß.

I Während ich solches schweigend bei mir selbst erwog und meine tränenvolle Klage mit Hilfe des Griffels aufzeichnete, schien es mir, als ob zu meinen Häupten ein Weib hinträte von ehrwürdigem Antlitz, mit funkelndem und über das gewöhnliche Vermögen der Menschen durchdringendem Auge, von leuchtender Farbe und unerschöpfter Jugendkraft, obwohl sie so bejahrt war, daß sie in keiner Weise unserem Zeitalter anzugehören schien. Ihr Wuchs war von wechselnder Größe; denn jetzt zog sie sich zum gewöhnlichen Maß der Menschen zusammen, jetzt aber schien sie mit dem Scheitel den Himmel zu berühren; und als sie noch höher ihr Haupt emporhob, ragte sie in den Himmel selbst hinein und entzog sich so dem Blick der Menschen. Ihr Gewand war von feinstem Gespinst und mit peinlicher Kunstfertigkeit aus unlösbarem Stoff gefertigt; sie hatte es, wie ich später aus ihrem eignen Munde erfuhr, mit eigner Hand gewebt. Seinen Glanz hatte wie bei rauchgeschwärzten Bildern ein trüber Anflug von Vernachlässigung und Alter überzogen. An seinem untersten Rande las man eingewebt ein griechisches Π, an seinem obersten aber ein θ. Und zwischen beiden Buchstaben schienen wie an einer Leiter etliche Stufen eingezeichnet, die von dem unteren zum oberen Schriftzug emporstiegen. Doch hatten dieses selbe Kleid die Hände einiger Gewalttätiger zerfetzt, und jeder hatte ein Stückchen nach Vermögen weggeschleppt. Ihre Rechte endlich trug Bücher, ihre Linke aber ein Szepter.

Als sie die Dichtermusen, die mein Lager umstanden und meiner Tränenflut Worte liehen, erbückte, sprach sie etwas erregt, entflammt mit finsteren Bücken: »Wer hat diesen Dirnen der Bühne den Zutritt zu diesem Kranken erlaubt, ihnen, die seinen Schmerz nicht nur mit keiner Arzenei lindern, sondern ihn obendrein mit süßem Gifte nähren möchten? Sind sie es doch, die mit dem unfruchtbaren Dorngestrüpp der Leidenschaften die fruchtreiche Saat der Vernunft ersticken, die der Menschen Seelen an die Krankheit gewöhnen, nicht sie davon befreien. Wenn eure Schmeichelreden einen Uneingeweihten, wie es gemeinhin durch euch geschieht, ablenken, so würde ich das für minder lästig halten. In diesem aber darf unser Werk nicht verletzt werden; denn er ist mit den Studien Eleas und der Akademie ernährt worden. Drum hinweg ihr Sirenen, die ihr süß seid bis zum Verderben, überlaßt ihn meinen Musen zur Pflege, zur Heilung!

So gescholten senkte jener Chor tief bekümmert die Bücke, Erröten verriet ihre Scham, so gingen sie traurig über die Schwelle hinaus. Ich aber, dessen tränenüberströmtes Antlitz ein Nebel hüllte, so daß ich nicht unterscheiden konnte, wer diese Frau von so gebietender Würde sei, verstummte, heftete mein Auge auf die Erde und begann schweigend abzuwarten, was sie nun weiter tun werde. Da trat sie näher an mich heran, setzte sich auf das Ende meines Bettes, bückte auf mein tränenschweres, auf die Erde geneigtes Antlitz und klagte in folgenden Versen über die Verwirrung meines Geistes:

II Wehe wie sinkt zum Grund nieder die Seele;
Also erschlafft, vergißt eigenen Licht's sie,
Sucht mit schwankendem Schritt draußen das Dunkel;
Und vom irdischen Hauch immer vermehret
Wächst bis zum Übermaß nagende Sorge.
Und einst war sie gewöhnt Räume des Himmels
Zu ätherischem Flug frei zu durchmessen,
Schaute das rosige Licht frühe der Sonne,
Bückt' auf den frostigen Glanz spät noch des Mondes,
Wie der wandernde Stern zieht seine Bahnen,
In verschlungenem Kreis wieder zurückkehrt,
Hatt' er in Zahlen gefaßt, hier auch ein Sieger.
Forschte die Gründe er doch, welche das Brausen
Regeln des Sturms, der tief aufwühlt die Meerflut,
Welch ein geistiger Hauch umdreht den Erdkreis,

Was das Abendgestirn senkt in des Westens
Meereswogen und früh rötlich im Ost hebt,
Was die Tage im Lenz angenehm mildert,
Daß die Erde sich schmückt rosig mit Blüten,
Wer es macht, daß der Herbst schwanger von Früchten
Überfließt, bis zuletzt schwellend von Trauben.
Alles hat er erforscht, bis zur verborgnen,
Wechselreichen Natur Gründe gelangt er!
Und nun ist ihm des Geist's Leuchte erloschen,
Und den Nacken im Druck engender Ketten
Zwingt die wuchtende Last nieder den Blick ihm,
Wehe nur dich zu schau'n, törichte Erde!

II Jedoch, sagte sie, hier ist Arzenei mehr am Platz als Klage. Dann aber richtete sie das Auge voll auf mich und sprach: Bist du es, der du einst mit unserer Milch genährt, mit unserer Speise erzogen, zu mannbarer Geisteskraft gereift warst? Hatten wir dir doch Waffen gegeben, die dich, hättest du sie nicht vorher fortgeworfen, durch ihre nie besiegte Festigkeit beschützt hätten. Erkennst du mich nun? Warum schweigst du? Bist du vor Scham oder vor Staunen verstummt? Lieber wollte ich vor Scham, aber ich sehe, Staunen hat deine Zunge gelähmt. Und wie sie mich nicht bloß schweigend, sondern völlig sprachlos sah, legte sie ihre Hand sanft auf meine Brust: Es ist keine Gefahr, sagte sie, er leidet an schlaffer Abspannung, der gewöhnlichen Krankheit verblendeter Geister. Er hat ein wenig seiner selbst vergessen, er wird sich leicht auf sich besinnen, wenn er zuvor uns erkannt hat. Auf daß er dies könne, wollen wir ein wenig seine Augen abwischen, die trüb sind von der Umwölkung irdischer Dinge. So sprach sie und trocknete mit ihrem gefalteten Gewand meine von Tränen strömenden Augen.

III Da verließ mich das Dunkel, es wichen die nächtlichen Nebel,
Frühere Kraft rückkehrte den Augen.
Wie wenn vom Südwind getrieben die stürmischen Wolken sich ballen,
Regenverschleiert am Himmelsgewölbe
Sich die Sonne verbirgt, kein Sternbild am Himmel aufsteigt,
Wenn auf die Erde dunkele Nacht sinkt;
Dann aus thrazischer Höhle gesandt sie Boreas aufpeitscht
Und den verschlossenen Tag wieder auftut,
Phöbus zuletzt hervortritt und Pfeile des Lichtes schleudert,
Staunende Augen die Strahlen verwunden.

III Nicht anders zerstreute sich mir der Nebel der Traurigkeit, ich sog den Anblick des Himmels ein, gewann meine Besinnung wieder und erkannte das Antlitz meiner Ärztin. Als ich nun die Augen auf sie wandte, meinen Bück auf sie heftete, sah ich meine Nährerin wieder, an deren Herde ich von Jugend auf erwachsen war, die Philosophie. Und wie, sprach ich, du bist in diese Einsamkeit meines Kerkers gekommen, du, die Meisterin aller Tugend, hast dich von deinem hohen Wohnsitz herabgelassen? Oder bist du mit mir angeklagt, wirst auch du von falschen Anschuldigungen verfolgt?

Sollte ich dich meinen Zögling verlassen, antwortete jene, sollte ich nicht die Bürde, die du um meines verhaßten Namens willen auf dich genommen hast, in gemeinsamer Mühe mit dir teilen? Es war die Pflicht der Philosophie, den Weg des Unschuldigen nicht unbegleitet zu lassen; ich sollte die Anschuldigung meiner selbst scheuen und vor ihr zurückschrecken, als ob es etwas Neues wäre? Meinst du denn, daß erst jetzt, wo die Sitten verderbt sind, die Weisheit von Gefahren bedrängt sei? Haben wir nicht auch bei den Alten schon vor der Zeit unseres Plato oft den großen Kampf mit der Unbesonnenheit der Dummheit gekämpft? Dieser zwar blieb leben; hat aber nicht sein Lehrer Sokrates mit meinem Beistand in ungerechtem Tod den Sieg errungen? Als dann dessen Erbschaft der epikureische und stoische Pöbel und alle andern jeder sein Teil zu rauben trachteten, als sie mich trotz Widerspruchs und Widerstrebens wie ein Beutestück hin- und herzerrten, zerrissen sie mein Gewand, das ich mit eignen Händen gewebt hatte. Fetzen rissen sie von ihm ab und gingen davon im Glauben, daß ich ihnen ganz gehöre. Und da man noch einige Spuren meiner Tracht an ihnen entdeckte und sie daher für meine Freunde hielt, so hat selbst einige von ihnen, ihrer Unklugheit überführt, der Irrtum der gemeinen Menge ins Verderben geführt.

Wenn du aber auch nichts von Anaxagoras Flucht, von Sokrates Giftbecher gehört hättest, sie sind ja Fremde, so würdest du doch von einem Canius, einem Seneca, einem Soranus, deren Andenken nicht gar so alt und nicht unberühmt ist, etwas wissen können. Sie hat nichts anderes ins Verderben gestürzt, als daß sie, erzogen in unseren Sitten, den Bestrebungen der Schlechten so ganz unähnlich erschienen. Daher brauchst du dich nicht zu wundern, wenn wir von den Stürmen, die auf der hohen See dieses Lebens hin und her wehen, umgetrieben werden, wir, deren oberster Grundsatz ist, den Schlechten zu mißfallen. Aber wenn auch deren Heer zahllos ist, es ist dennoch zu verachten, es wird von keinem Feldherrn gelenkt, sondern nur von ungefähr vom wahnsinnigen Irrtum hin und her getrieben. Wenn dieser wieder einmal seine Reihen gegen uns aufstellt, uns kräftiger bedroht, dann zieht unsere Führerin ihre Truppen in die Burg zusammen und jene geben sich mit der Plünderung unnützen Gepäcks ab. Wir aber, wenn sie das erbärmliche Zeug mit Gier rauben, lachen von oben über sie, und sicher sind wir vor dem Getümmel der Wütenden, denn uns schützt ein Wall, nach dem die umherschwärmende Dummheit nicht trachten kann.

IV

Wer mit heiterem Sinn das Leben ordnet,
Wer das stolze Geschick sich zwingt zu Füßen,
Wer das wechselnde Glück mit festem Auge
So betrachtet, daß nie ihm zuckt die Wimper,
Den beugt nimmer die Wut, das Dräu'n des Meeres,
Das bis tief auf den Grund die Woge aufwühlt,
Nie der Zorn des Vesuv, der immer neue
Schlote reißend im Bauch die Flamme wirbelt;
Der den ragenden Turm zermalmt, der Blitzstrahl
Selbst, er wird seinen Geist niemals erschüttern.
Und nun, Arme, bestaunt ihr feig Tyrannen,
Die mit wildem Sinn nur kraftlos toben?
Banne Hoffnung und Furcht, im Augenblicke
Sinkt die Waffe des Zorns gelähmt darnieder.
Doch wer, bebend das Herz, ob zagt ob wünschet,
Nimmer steht er fest, ist nie sein eigen,
Feige warf er den Schild, verließ die Reihe,
Knüpft die Fessel sich selbst, die ewig bindet.

IV Empfindest du dies, sprach sie, dringt es in deinen Geist? Oder stellst du dich wie »der Esel zur Leier«? Warum strömen deine Tränen? »Sprich aus und verbirg es nicht im Geist.« Wenn du Hilfe des Arztes erwartest, so offenbare deine Wunde. Da sammelte ich im Geiste alle meine Kräfte: Bedarfes jetzt noch der Ermahnung, tritt die Härte des Schicksals, das gegen mich wütet, nicht genugsam hervor? Erschüttert dich nicht schon der Anblick dieses Ortes? Ist das wohl jene Gelehrtenstube, die du dir als zuverläßlichsten Wohnsitz an unserem Herde selber erwählt hattest, in der du dich so oft bei mir niederließest und das Wissen von menschlichen und göttlichen Dingen mit mir erörtertest? War so meine Haltung, meine Miene, als ich mit dir der Natur Geheimnisse erforschte, als du die Bahnen der Gestirne mit dem Zirkel umschriebest, als du mein Wesen und den ganzen Plan meines Lebens nach dem Musterbilde einer höheren Ordnung formtest? Tragen wir nun solchen Lohn für unsern Gehorsam davon? Und du hast mit eignem Munde Platos Ausspruch bekräftigt: »Glücklich würden die Staaten sein, wenn die Philosophen sie lenkten, oder ihre Lenker sich der Philosophie befleißigten.« Aus desselben Mannes Munde hast du erklärt, daß es zwingender Grund für die Weisen sei, die Staatsleitung zu ergreifen, damit sie nicht Schurken und Verbrechern das Steuer der Städte überlassen und dadurch den guten Bürgern Unheil und Verderben bereitet werde.

Diesem Geheiß bin ich gefolgt, und was ich von dir in abgeschiedener Muße gelernt hatte, habe ich in das Treiben der Staatsverwaltung zu übertragen gesucht. Du und Gott, der dich dem Geiste der Weisen gesellt hat, ihr seid mir Zeugen, daß ich mich zu keinem Amte bequemt habe, als das im gemeinsamen Interesse aller Guten lag. Daher jene schwere unversöhnliche Zwietracht mit den Unredlichen, daher – das danke ich der Freiheit des Gewissens – meine stete Nichtachtung bei den Mächtigen anzustoßen, wenn es galt das Rechte zu wahren. Wie oft bin ich Konigast entgegen getreten, wenn er gegen Schwache jeden Standes seine Angriffe richtete! Wie oft habe ich Trigguilla, den Vorsteher des königlichen Haushaltes, von eingeleiteter, schon fast vollendeter Rechtsverletzung abgehalten! Wie oft habe ich mein Ansehen für die Armen eingesetzt, die immer durch die nie bestrafte Habgier der Barbaren gequält wurden, und habe sie vor Gefahr beschützt! Nie hat mich jemand vom Recht zum Unrecht abgelenkt. Daß die Güter der Untertanen durch Räubereien der Privaten wie durch Steuern des Staates zu Grunde gerichtet wurden, habe ich ebenso, wie die es litten, mit Schmerz empfunden. Als zur Zeit schwerer Hungersnot ein harter, ja unausführbarer Aufkauf befohlen war, der die Provinz Campanien in Mangel gestürzt haben würde, nahm ich im Interesse des allgemeinen Nutzens den Kampf mit dem Präfekten des Prätoriums auf, stritt vor dem Ohr des Königs und setzte es durch, daß die Lieferung nicht eingetrieben wurde. Den Consular Paulinus, dessen Güter die Hunde des Palastes schon mit Hoffnungen und Intrigen verschlangen, habe ich aus ihrem schnappenden Rachen gerettet. Daß den Consul Albinus die Strafe aus der voraus entschiedenen Anklage nicht treffe, habe ich mich dem Haß des Anklägers Cyprianus ausgesetzt. Habe ich so nicht Feindschaft genug auf mich gehäuft? Aber bei den Andern hätte ich wohl sicherer sein sollen, ich, der ich mich bei den Höflingen aus Gerechtigkeitsliebe nie um meiner Sicherheit willen geschont habe.

Auf wessen Anzeige hin sind wir aber nun gestürzt? Einen Basilius, der längst aus dem königlichen Dienst weggejagt war, hat die Schuldenlast zur Anzeige unseres Namens getrieben. Dem Opilio und Gaudentius war wegen unzähliger verschlagener Betrügereien ein königliches Erkenntnis der Verbannung zugesprochen worden; als sie dann, nicht willens zu gehorchen, sich im Schutz heiliger Gebäude deckten, gab der König, als er dies erfuhr, den Befehl, wenn sie sich nicht innerhalb dieser Zeit aus der Stadt Ravenna entfernten, sollten sie an der Stirne gebrandmarkt und ausgetrieben werden. Glaubt man solcher Strenge noch etwas hinzufügen zu müssen? Doch etwas; an demselben Tage gaben dieselben Leute uns an, und die Anzeige unseres Namens wurde angenommen. Wie also? Haben das unsere Bestrebungen verdient? Oder hat jene die eben erfolgte Verurteilung zu glaubwürdigen Anklägern umgeschaffen? So schämt sich Fortuna nicht nur nicht vor der angeklagten Unschuld, sondern auch nicht vor der Anklagenden Gemeinheit? Aber du fragst nach der Hauptsache, welchen Verbrechens wir angeklagt sind? Wir sollen die Rettung des Senates gewollt haben. Du wünschest zu wissen auf welche Art? Wir werden beschuldigt, den Angeber verhindert zu haben, Beweisstücke auszuliefern, durch die der Senat auf Majestätsbeleidigung angeklagt werden könnte. Wie entscheidest du nun, meine Lehrerin? Sollten wir das Verbrechen leugnen, um dir nicht zur Schande zu gereichen? Ja, ich habe es gewollt und werde niemals aufhören es zu wollen. Sollte ich gestehen? Aber die Bemühung den Angeber zu hindern hat aufgehört. Oder soll ich es ein Unrecht nennen, die Rettung jenes Standes gewünscht zu haben? Freilich, er hat es durch seine Beschlüsse über mich zustande gebracht, daß es jetzt ein Unrecht ist. Doch die sich stets selbst belügende Torheit kann die Verdienste der Tatsachen nicht verwandeln, und ich glaube nach Sokrates Entscheidung, daß es nicht erlaubt sei, weder die Wahrheit zu verhehlen, noch die Lüge zuzulassen. Doch sei es wie es sei, ich überlasse es deinem und aller Weisen Urteil es abzuschätzen. Auch habe ich den wahren Verlauf der Sache, damit er der Nachwelt nicht verborgen bleibe, der Feder und damit dem Gedächtnis vertraut.

Was soll ich nun von den gefälschten Briefen sagen, in denen ich, wie die Beschuldigung lautet, die römische Freiheit erhofft habe? Der Betrug würde offen zutage liegen, wenn ich mich des Bekenntnisses des Angebers selbst, das doch in allen Rechtssachen die höchste Kraft hat, hätte bedienen dürfen. Denn wo läßt sich noch ein Rest von Freiheit hoffen? O daß er sich doch ließe! Ich hätte mit dem Wort des Canius geantwortet, der, als er von Gajus Caesar, dem Sohn des Germanicus, beschuldigt wurde, Mitwisser einer Verschwörung zu sein, sagte: »Wenn ich darum gewußt hätte, so hättest du es nicht gewußt.« So hat der Kummer unsere Sinne nicht abgestumpft, daß ich klagte, wenn die Gottlosen Freveltaten gegen die Tugend planen, aber darüber wundere ich mich sehr, daß sie ihr Streben erreicht haben. Denn das Schlechte zu wollen liegt vielleicht in unserer Schwäche, aber daß gerade die Frevler ihre Anschläge gegen die Unschuld unter Gottes Augen ausführen können, das ist etwas Ungeheuerliches. Darum hat einer deiner Vertrauten nicht mit Unrecht gefragt: »Gibt es einen Gott, woher das Übel? Gibt es keinen, woher das Gute«?

Aber es mag ja nur recht und billig sein, daß die Nichtswürdigen, die nach dem Blute aller Gutgesinnten und des ganzen Senates lechzten, auch unser Verderben, da sie uns als Vorkämpfer der Guten und des Senates sehen, begehrten. Aber haben wir auch dasselbe von den versammelten

Vätern verdient? Du erinnerst dich, glaube ich, denn du hast ja gegenwärtig stets selber alles, was ich sagen und tun wollte, gelenkt, du erinnerst dich, sage ich, als zu Verona der König, rachgierig nach dem Untergang aller, die Majestätsanklage gegen Albinus auf den ganzen Senat ausdehnen wollte, wie ich die Unschuld des Senates auf Gefahr meiner eigenen Sicherheit verteidigt habe. Du weißt, daß ich hiermit nur die Wahrheit verkünde und daß ich mich niemals mit Selbstlob gebrüstet habe. Denn das Geheimnis des Gewissens, das sich selber brüstet, vermindert sich gewissermaßen, so oft es durch Sehenlassen der Tat den Lohn des Ruhmes voraus nimmt. Aber welch ein Ausgang unserer Unschuld bereitet ist, siehst du. Statt der Belohnung wahrer Tugend erdulden wir die Strafe eines falschen Verbrechens, und hat wohl je das offene Bekenntnis irgend einer Untat die Richter so einmütig in Strenge gesehen, daß nicht einen der Gedanke an das Irren des menschlichen Geistes oder an das allen Sterblichen ungewisse Schicksalslos günstig gestimmt hätte? Hätte es geheißen, daß wir die heiligen Tempel in Brand stecken, daß wir die heiligen Priester mit dem Schwerte vertilgen, allen Guten den Tod bereiten wollten, so hätte doch nur den Anwesenden, nur den Bekennenden, Überführten der Richterspruch bestrafen dürfen. Nun werden wir aus einer Entfernung von etwa fünfzig Meilen stumm und unverteidigt wegen allzugroßen Eifers für den Senat zu Tod und Ächtung verdammt. O über sie, die es verdienten, daß niemand eines gleichen Verbrechens überwiesen werden könnte!

Den Wert dieser Beschuldigung sahen auch die Ankläger selbst, und um sie durch Beimischung irgend eines Frevels zu schminken, erlogen sie, daß ich mein Gewissen um Würden zu erschleichen mit einem Sakrileg befleckt habe.

Und doch hattest du, die du mir eingepflanzt bist, alle Begier nach irdischen Dingen aus der Stätte unseres Geistes vertrieben, und unter deinen Augen war es nicht möglich, daß für ein Sakrileg ein Platz blieb. Denn du flößtest täglich meinen Ohren und Gedanken jenes Pythagoreerwort ein: »Folge dem Gotte«. Und schlecht hätte gepaßt, daß ich, den du zu solcher Auszeichnung erhobst, ihn Gott ähnlich machtest, nach dem Schutz verworfener Geister haschen sollte. Außerdem verteidigen mich die unschuldige Heimlichkeit meines Hauses, der Kreis ehrenhaftester Freunde, ein Schwiegervater, heilig und verehrungswürdig, gleich wie du selbst gegen jeglichen Verdacht eines solchen Verbrechens. Aber o Frevel! Glaubwürdigkeit für ein solches Verbrechen schöpfen sie aus dir, und der Zauberei scheinen wir teilhaft zu sein gerade darum, weil wir mit deinen Lehren getränkt, in deinen Sitten unterrichtet sind. So ist es denn nicht genug, daß mir die Ehrfurcht, die dir gebührt, nichts genutzt hat, vielmehr wirst du noch durch den Angriff auf mich verletzt. Aber als Gipfel aller unserer Leiden kommt noch hinzu, daß die Menge in ihrer Schätzung nicht den Verdienst der Sache, sondern den Ausgang des Geschicks ins Auge faßt und nur das für vorgesehen hält, was das Glück auszeichnet. Daher rührt es, daß von allem zuerst der gute Ruf den Unglücklichen verläßt. Ich mag gar nicht daran denken, welche leeren Gerüchte und wie mannigfache widersprechende Meinungen jetzt im Volke umlaufen mögen. Nur eins will ich sagen: Das ist die äußerste Bürde widrigen Schicksals: Wenn sich an die Unglücklichen eine Beschuldigung heftet, so müssen sie das, was sie erdulden, auch verdient haben. So habe ich aus meinen Gütern vertrieben, meiner Würden entkleidet, in meinem Rufe geschändet für Wohltat das Todesurteil davongetragen. Es scheint mir, ich sehe die verruchten Werkstätten der Frevler, wie es in ihnen wogt von Jubel und Freude, und wie sie ganz verderbt mit neuem Betrug nach Anklagen trachten. Die Guten liegen danieder, hingestreckt vom Schrecken über unsere Gefahr; die Verruchten spornt Straflosigkeit, jede Schandtat zu wagen, und Belohnung, sie zu vollführen; die Unschuldigen aber sind beraubt nicht nur der Sicherheit, nein, sogar der Verteidigung. Darum will ich aufschreien:

V

Schöpfer des sternenfunkelnden Kreises,
Der du vom ewigen Thron hernieder
Lenkst den Himmel wirbelnden Schwunges,
Zwingst Gestirne streng in Gesetze,
Daß jetzt voll die leuchtende Scheibe
Ab vom Strahle des Bruders gewendet,
Luna auslöscht die kleineren Sterne,
Dann erbleichend mit dunkelnder Sichel
Phöbus näher einbüßt ihr Leuchten.
Und was in erster nächtlicher Stunde
Frostig aufwärts als Hesperus steiget,
Dann als Luzifer wechselt die Zügel,
Vor dem Aufgang des Phöbus erbleichend.
Wenn das Laub im Froste zerstoben,
Zwingst den Tag du in kürzere Schranken;
Und erscheint dann glühend der Sommer,
Treibst zur Eile du nächtliche Stunden;
Regelst mit deiner Macht die Gezeiten,
Jagt des Boreas Brausen die Blätter,
Führt die zarten zurück der Zephir;
Was Arctur als Saaten gesehen,

Reift in Sirius Glut zu Ähren.
Nichts ist frei von alten Gesetzen,
Nichts weicht ab von eigenen Bahnen,
Alles führst du zu sicheren Zwecken,
Menschlichem Handeln wehrest du einzig,
Daß es in gleichem Maße verbleibe.
Warum wechselt schlüpfrig das Glück uns
Immer die Lose? Es trifft Unschuldige
Oft die Strafe, dem Frevler gebührend.
Nahe den Thronen spreizen verderbte
Sitten sich, sie treten mit Füßen
Heilige Nacken, unseligen Wechsels.
Tugend birgt sich verstoßen im Finstern,
Leuchtend im Dunkeln, Gerechte leiden
Strafe des Bösen!
Nicht Betrug schadet ihnen, nicht Meineid,
Ausgeschmückt mit der Farbe der Lüge.
Da nach Belieben sie nützen die Kräfte,
Freut sie's, sich Könige zu bezwingen,
Die unzählige Völker fürchten.
O schau her auf die arme Erde,
Der du knüpfst der Schöpfung Gesetze,
Wir, nicht schlechtester Teil deines Werkes,
Treiben um auf dem Meer des Geschickes.
Zähme die reißenden Fluten, o Herrscher,
Wie du lenkst den unendlichen Himmel,
Füge die Erde in feste Gesetze!

V Als ich dies mit gesteigertem Schmerze herausächzte, sprach jene mit mildem Blick, unberührt von meinen Klagen: Als ich dich betrübt und weinend sah, wußte ich sofort, daß du unglücklich und elend bist. Aber wie weit du im Elend bist, hätte ich nicht gewußt, hätte es mir deine Rede nicht verraten. Doch du bist zwar fern von der Heimat, nicht vertrieben, nein verirrt; oder willst du durchaus vertrieben sein, so hast du dich doch selber vertrieben. Denn außer dir hätte niemand ein Recht dazu gehabt. Erinnerst du dich, aus welchem Vaterlande du stammst? Dies wird nicht wie einst die Stadt der Athener durch die Herrschaft der Menge gelenkt, sondern »Ein Herrscher ist, ein König«, und dieser freut sich an der Fülle seiner Bürger, nicht an ihrer Vertreibung; von seinen Zügeln sich leiten zu lassen, der Gerechtigkeit zu gehorchen, das ist die höchste Freiheit. Oder kennst du nicht jenes uralte heilige Gesetz deines Staates, daß, wer einmal seinen festen Wohnsitz in ihm gegründet hat, niemals sein Heimatsrecht zu verlieren braucht? Denn wer von seinem Wall und seiner Schutzwehr umschlossen wird, hat nicht zu fürchten, daß er je die Verbannung verschulde. Aber wer aufhört diesen Wohnsitz zu wünschen, hört gleicher Weise auf ihn zu verdienen. Und deshalb bewegt mich nicht so sehr das Angesicht dieses Ortes, als vielmehr das deine, und ich suche lieber als die mit Elfenbein und Kristall geschmückten Wände deiner Bibliothek den Sitz deines Geistes auf; dort habe ich nicht Bücher, sondern, was Büchern erst Wert verleiht, den Sinn meiner Bücher niedergelegt. Du hast zwar von deinen Verdiensten um das Gemeinwohl die Wahrheit gesagt, aber im Verhältnis zu deinen Taten nur wenig. Was Ehrlichkeit oder Falschheit der dir gemachten Vorwürfe betrifft, so hast du nur allen Bekanntes erwähnt. Frevel und Betrug der Angeber hast du zwar richtig aber nur flüchtig getroffen; denn das Volk, wenn es besser und ausgiebiger als bisher erkennt, soll es von Mund zu Mund verbreiten. Du hast auch heftig die ungerechte Handlungsweise des Senates gescholten, hast dich auch betrübt über unsere Anschuldigung und hast die Einbuße deines guten Rufes beweint. Zuletzt ist dein Schmerz gegen das Schicksal heiß entbrannt, du hast geklagt, daß der Lohn nicht dem Verdienst zugewogen werde, und zum Schluß hast du den Wunsch der rasenden Muse niedergelegt, daß derselbe Friede wie im Himmel also auch auf Erden herrschen möge. Aber da dich nun der äußerste Aufruhr der Leidenschaften befallen hat, da Schmerz, Zorn und Trauer dich hin und her zerren, so helfen dir, wie du jetzt gesinnt bist, kräftigere Arzneien nichts. Wir wollen daher einstweilen lindere anwenden, damit sie die unter dem Einfluß der Erregungen verhärtete Geschwulst mit sanfterer Berührung erweichen und sie für eine schärfere Arzenei vorbereiten.

VI

Sengt der Sonne glühender Strahl
Im Gestirn des Krebses die Flur,
Magst du reichliche Saaten auch streu'n,
So versagt sich die Furche doch,
Täuscht dich Ceres, so trägt doch fest
Seine Früchte der Eichenbaum.
Niemals wirst du im dunklen Hain
Veilchen sammeln zum Blütenkranz,
Wenn der Nord das Gefilde peitscht,
Heulend über die Stoppeln rast;
Niemals suche mit gieriger Hand,
Ob im Frühling die Rebe schon
Ihre Trauben zu reifen Hebt;
Seinem Herbste erst spendet gern
Bacchus labende Gaben aus.

Alle Zeiten zu eignem Amt
Ordnet Gott und bestimmt den Lauf,
Nie läßt er, wo er selber band,
Jemals Wechsel und Elend zu.
Wer auf eigenen Bahnen stürzt,
Wer die sichere Ordnung läßt,
Froh wird nimmer sein Ausgang sein.

VI Zuerst duldest du wohl, daß ich mit einigen Fragen deinen Geisteszustand berühre und untersuche, damit ich wisse, auf welche Weise deine Heilung einzurichten sei. – Frage du, sagte ich, nach deinem Gutdünken, was du willst, ich werde antworten. – Meinst du, daß diese Welt durch sinnlosen Zufall aufs Geratewohl getrieben werde, oder glaubst du, daß in ihr irgend eine Leitung der Vernunft wirke? – Doch, sprach ich, auf keine Weise möchte ich meinen, daß ein so fest Bestimmtes durch sinnlosen Zufall bewegt werde, vielmehr weiß ich, daß Gott der Schöpfer über diesem seinem Werke thront, und nicht ein Tag könnte mich von dieser Überzeugung abwendig machen. – So ist es, sagte sie, das hast du auch eben erst gesungen und nur beklagt, daß bloß die Menschen außerhalb der göttlichen Fürsorge ständen; denn darin, daß alles andere durch Vernunft gelenkt werde, hast du dich nicht erschüttern lassen. Dann aber, o wehe! wundere ich mich sehr, wie du, gefestigt in einer so heilsamen Überzeugung, noch krank sein kannst. Doch forschen wir etwas tiefer; ich vermute, ich weiß, was hier fehlt. Sage mir also, da du nicht zweifelst, daß die Welt von Gott regiert werde, nimmst du auch wahr, mit welchen Mitteln sie regiert wird? – Kaum verstehe ich den Sinn deiner Frage, sagte ich, geschweige, daß ich sie beantworten könnte. – So habe ich mich also nicht getäuscht, sagte sie, daß hier etwas fehlt, so daß wie durch die Bresche eines Walles die Krankheit der Verwirrung in deinen Geist eingedrungen ist. Aber sage mir, erinnerst du dich, was der Zweck der Dinge ist und wohin die Absicht der ganzen Natur strebt? – Ich habe es gehört, sprach ich, aber der Kummer hat mein Gedächtnis abgeschwächt. – Aber du weißt doch, woher alles seinen Ursprung nimmt? – Ich weiß es: er ist Gott. – Und wie ist es möglich, daß du den Ausgangspunkt der Dinge kennst, aber ihr Endziel nicht weißt? Doch das ist so die Art dieser Störungen, wohl haben sie die Kraft den Menschen vom richtigen Standpunkt zu verrücken, aber ihn auszureißen und ganz und gar auszurotten, vermögen sie nicht.

Doch willst du mir dies beantworten: Gedenkst du daran, daß du ein Mensch bist? – Wie, sagte ich, sollte ich mich nicht erinnern? – Solltest du also bestimmen können, was der Mensch sei? – Fragst du danach, als ob ich nicht wüßte, ich sei ein vernünftiges und sterbliches Lebewesen? Ich weiß es und bekenne es zu sein. – Und jene: Weißt du, daß du nichts anderes bist? – Nichts. – Ich kenne nun auch die andere und größte Ursache deiner Krankheit, sagte sie: du weißt nicht mehr, was du selbst bist. Deshalb habe ich vollauf den Grund deines Leidens, aber auch den Weg, dir wieder Genesung zu verschaffen, gefunden. Weil du von Vergessenheit deiner selbst verwirrt bist, fühlst du dich schmerzlich als verbannt und der eignen Güter beraubt. Weil du nicht weißt, was der Zweck der Dinge ist, hältst du nichtswürdige Schurken für mächtig und glücklich. Weil du vergessen hast, mit welchen Mitteln die Welt regiert wird, urteilst du, daß diese Wechselfälle des Glücks ohne Lenker umherwogen; Ursachen, groß genug, nicht nur zur

Krankheit, sondern sogar zur Vernichtung. Doch danke dem Herrn der Genesung, daß er dich nicht ganz der Natur entfremdet hat. Wir haben noch einen besten Zündstoff für deine Genesung: deine richtige Ansicht von der Leitung der Welt, weil du sie nicht dem blinden Zufall, sondern der göttlichen Vernunft unterworfen glaubst. Darum fürchte dich nicht zu sehr, aus diesem winzigen Fünkchen wird sich dir die Lebenswärme entfachen. Aber noch ist es nicht Zeit, stärkere Heilmittel anzuwenden, auch ist es die Natur des Geistes, daß er, sobald er die wahren Meinungen verworfen hat, falsche annimmt, aus denen dann der Nebel der Störungen steigt und das rechte Schauen trübt; deshalb will ich ihn allmählich an sanfte und mäßige Linderung gewöhnen, auf daß sich das Dunkel trügerischer Leidenschaften zerstreue, und du den Glanz des wahren Lichtes erkennen könntest.

VII

Hüllen die dunkeln
Wolken die Sterne,
Nimmer senden
Freundliches Licht sie.
Wälzt auf dem Meer sich
Tobend der Südwind
Brandung vermischend,
Dann wird die Welle,
Lieblich und klar erst
Am heiteren Tage,
Jetzt von des Schlammes
Schmutziger Lösung
Trübe sich zeigen.
Stürzt von dem hohen

Felsen hernieder
Brausend der Bergstrom,
Bäumt er sich wilder,
Hemmt ihn des Bergsturz
Felsiger Riegel.
Du aber, willst du
Sicheren Blickes
Schauen die Wahrheit,
Schreiten auf gradem
Wege zum Ziele:
Banne die Freuden,
Banne das Fürchten,
Hoffnung vernichte,
Schmerzen entferne.
Wolken verhüllen,
Fesseln die Seele,
Da wo sie herrschen!

ZWEITES BUCH

I Hierauf schwieg sie ein wenig, und als sie meine Aufmerksamkeit aus meinem bescheidenen Schweigen erschloß, begann sie so: Wenn ich nun richtig Ursachen und Aussehen deiner Krankheit erkannt habe, so siechst du hin aus Liebe und Sehnsucht nach deinem früheren Glücke. Seine Veränderung hat, wie du dir einbildest, so viel von deinem Geiste zu Grunde gerichtet. Ich kenne den vielgestaltigen Schein, mit dem jenes Wunderwesen denen, die es anzuführen trachtet, schmeichelnde Freundschaft heuchelt, bis es sie unverhofft verläßt und mit unerträglichem Schmerz verwirrt. Willst du dich an seine Natur, Sitten und Verdienste erinnern, dann wirst du erkennen, daß du an ihm nie etwas Schönes weder gehabt noch verloren hast; aber ich glaube, ich brauche mir nicht besondere Mühe zu geben, dir das ins Gedächtnis zu rufen; denn du pflegtest, auch als es noch da war und schmeichelte, es mit männlichen Worten zu schelten, und triebst es nach verkündetem Richterspruch aus unserem Heiligtume. Aber jede plötzliche Veränderung vollzieht sich nicht ohne ein gewisses Auf- und Abfluten des Geistes. So ist es gekommen, daß auch du ein Weilchen von deiner Ruhe abfielst. Aber es ist Zeit, daß du etwas Sanftes und Angenehmes schlürfest und kostest, was ins Innere dringt und den Weg für kräftigeren Trank bahnt. Also möge uns die Überzeugungskraft der holden Redekunst beistehen, welche nur dann auf rechtem Wege voranschreitet, wenn sie unsere Gebote nicht verläßt und wenn sie als Dienerin an unserem Herde mit solcher Musik bald leichtere bald ernstere Weisen anstimmt.

Was also ist es, o Mensch, was dich in Schmerz und Trauer gestürzt hat? Etwas ganz Neues und Ungewohntes, glaube ich, hast du gesehen. Du meinst, das Glück habe sich dir gegenüber gewandelt: du irrst! Das sind immer seine

Sitten, ist seine Natur. Es hat nur gegen dich die Beständigkeit in seiner eigenen Veränderlichkeit bewahrt. So war es, als es schmeichelte, als es vor dir mit den Lockungen falscher Glückseligkeit gaukelte. Du hast das zweideutige Antlitz der blinden Gottheit nun entdeckt; während sie sich andern noch verhüllt, ist sie dir völlig bekannt geworden. Wenn du sie billigst, so halte dich an ihren Charakter und klage nicht. Wenn du ihre Treulosigkeit verabscheust, so verschmähe und verwirf ihr verderbliches Spiel; denn wo sie dir jetzt Anlaß zu so großer Trauer gibt, hätte sie dir zur Beruhigung dienen sollen. Sie hat dich verlassen, vor der niemand hier sicher sein kann, daß sie ihn nicht verlassen werde. Oder meinst du etwa, daß eine wertvolle Glückseligkeit von dir gehen werde? Oder ist dir ein augenblickliches Glück teuer, das im Verharren nicht treu ist und im Verschwinden Trauer bringt? Wenn es sich also nicht nach Belieben zurückhalten läßt und fliehend Unglückliche macht, was ist dann die Flüchtige anders als eine Art Ankündigung zukünftigen Unglücks? Es darf nicht genügen, nur zu schauen, was vor den Augen liegt, die Klugheit ermißt den Ausgang der Dinge, und seine Veränderlichkeit nach beiden Seiten macht weder die Drohungen des Glückes furchtbar, noch sein Schmeicheln wünschbar. Schließlich mußt du mit Gleichmut ertragen, was innerhalb des Bereiches des Glückes geschieht, wenn du einmal deinen Nacken ihrem Joche unterworfen hast. Wenn du ihr das Gesetz des Bleibens und Gehens vorschreiben willst, ihr, die du dir freiwillig als Herrin erlesen hast, bist du dann nicht im Unrecht und verbitterst dir durch Ungeduld ein Los, das du nicht ändern kannst? Wenn du die Segel dem Winde überließest, so würdest du nicht dahin gelangen, wohin dein Wille strebt, sondern wohin sein Hauch dich treibt; wenn du den Fluren Samen anvertraust, so mußt du ertragreiche und unfruchtbare Jahre gegen einander abwägen. Hast du dich dem Regiment der Fortuna anvertraut, so mußt du den Sitten der Herrin gehorchen. Du versuchst den Schwung des rollenden Rades aufzuhalten? Aber, törichtester aller Sterblichen, wenn sie anfängt zu beharren, hört sie auf blinder Zufall zu sein.

I Wenn sie die Lose wechselt mit der stolzen Hand,
Und laut aufbrausend tobt gleich wie der Euripus,
Reibt sie die Könige, eben drohend noch, zu Staub,
Der Unterlegnen niedre Stirn hebt sie empor.
Des Elends Flehen ist sie taub, den Tränen blind,
Verlacht die Seufzer, die sie hart erschaffen hat.
So ist ihr Spiel und so erprobt sie ihre Kraft;
Ihr großes Schauspiel zeigt sie dem Gefolge dann,
Wenn eine Stunde Glück und Fall vereinigt sieht!

II Ich aber möchte ein wenig mit dir mit den Worten des Glückes selber verhandeln. Gib also acht, ob sie ihr Recht fordert: »Wessen, o Mensch, beschuldigst du mich mit deinen täglichen Klagen? Welch ein Unrecht haben wir dir getan? Welche Güter haben wir dir entzogen? Streite doch vor jedem beliebigen Richter mit mir über den Besitz der Schätze und Würden, und wenn du zeigst, daß irgend etwas hiervon Eigentum irgend eines Sterblichen sei, so will ich gern zugeben, daß was du zurückforderst, dein gewesen ist. Als dich die Natur aus dem Leib der Mutter zog, habe ich dich nackt, von allem entblößt aufgenommen, ich habe dich mit meinen Schätzen genährt und habe dich, was dich jetzt ungeduldig gegen mich macht, mit geneigter Gunst allzu nachsichtig erzogen, ich habe dich mit Überfluß und Glanz alles dessen, was nach Recht mir gehört, umgeben.

Jetzt beliebt es mir die Hand zurückzuziehen; du schuldest Dank gleichsam für den Gebrauch fremden Gutes, du hast kein Recht zur Klage, als ob du just das Deinige verloren hättest. Was also stöhnst du? Es ist dir von uns keine Gewalt widerfahren. Reichtum, Ehren und dergleichen stehen unter meiner Botmäßigkeit. Die Dienerinnen kennen die Herrin, sie kommen mit mir, sie gehen, wenn ich mich entferne. Ich will kühn behaupten, wenn die Dinge, deren Verlust du beklagst, dein gewesen wären, so hättest du sie auf keine Weise verloren. Soll ich allein verhindert werden mein Recht auszuüben? Dem Himmel ist es erlaubt, den hellen Tag herauf zu führen und ihn in dunkler Nacht zu verbergen, dem Jahre ist es erlaubt, das Antlitz der Erde jetzt mit Blumen und Früchten zu kränzen, jetzt mit Wolken und Kälte zu trüben. Des Meeres Recht ist es, bald mit glattem Spiegel zu schmeicheln, bald von Stürmen und Fluten zu erschaudern. Und uns soll zu einer Beständigkeit, die unserem Wesen fremd ist, die unersättliche Begier der Menschen binden? Dies ist unsere Macht, dies ununterbrochene Spiel spielen wir, wir drehen das Rad in kreisendem Schwunge, wir freuen uns das Tiefste mit dem Höchsten, das Höchste mit dem Tiefsten zu tauschen. Steige aufwärts, wenn es dir gefällt, aber unter der Bedingung, daß du es nicht für ein Unrecht hältst, herabzusteigen, wenn es die Regel meines Spiels fordert. Oder kanntest du meine Sitte nicht? Wußtest du nicht, daß Krösus, der Lyderkönig, eben noch Cyrus furchtbar, bald darauf bejammernswert den Flammen des Scheiterhaufens überliefert und dann wieder durch einen vom Himmel gesandten

Regen gerettet worden ist? Entging dir, daß Paulus dem Unglück des von ihm gefangenen Königs Perseus fromme Tränen gezollt hat? Was beweint der Weheruf der Tragödien anders als das Schicksal, das mit seinem Schlage ohne Unterschied glückliche Reiche umstürzt. Hast du nicht schon als Knabe gelernt, daß »zwei Fässer, das eine mit Übeln, das andere mit Gutem« auf der Schwelle des Jupiter stehen? Wie, wenn du überreich von der Seite des Guten genommen hättest? Wie, wenn ich nicht ganz von dir gewichen wäre? Wie, wenn diese meine Veränderlichkeit selbst dir ein triftiger Grund wäre, Besseres zu hoffen? Also sieche nicht im Geist dahin und begehre nicht, nach eigenem Rechte zu leben, da du Platz genommen in einem Reiche, das allen gemein ist.

II Wenn soviel wie an Sand aufwühlt die wilde See,
Wo der rasende Sturm tobt,
Wenn soviel als zur Nacht leuchtende Sterne ziehn
Hoch am Himmelsgewölbe,
Schätze streute das Glück, nimmer die Hand zurück
Zög vom Horne der Gaben,
Niemals würdest du doch, elendes Menschengeschlecht,
Enden Jammer und Klagen.
Ob die Wünsche ein Gott freundlich und rasch erfüllt
Gold in Menge verschwendend
Und mit Ehren den Durst ihnen zu löschen sucht,
Nichts scheint ihnen geleistet:
Das Begehrte verschlingt schleunigst die wilde Gier,
Neu aufreißend den Rachen.
Welcher Zügel vermag jemals dem tollen Drang
Feste Grenzen zu setzen,

Da nur heftiger stets, reichlich im Überfluß
Brennt der Durst zu besitzen?
Nie scheint jemand sich reich, wer nur zittert und zagt,
Wähnt sich immer bedürftig.

III Wenn mit solchen Worten die Glücksgöttin für sich mit dir redete, wahrhaftig, du könntest nicht dagegen murren; oder wenn du etwas weißt, was deine Klagen mit Recht stützt, so mußt du es vorbringen, wir werden dir Raum zum Reden lassen. – Darauf ich: Das klingt zwar schön, und ist mit dem süßen Honig der Redekunst und Musik bestrichen; doch ergötzt es nur, solange man es hört; aber der Sinn der Übel liegt für die Elenden tiefer, und deshalb, sobald das Ohr nicht mehr hört, überwiegt die im Geiste festgewurzelte Trauer. – Und jene sprach: So ist es; das ist auch nicht die Arzenei deiner Krankheit, sondern nur einige Linderung für den störrischen Schmerz, der sich gegen die Heilung sträubt. Was in die Tiefe dringt, werde ich beibringen, wenn es an der Zeit ist. Jedoch, daß du dich nicht für zu unglücklich halten mögest, hast du denn Zahl und Art deiner Glücksfälle vergessen? Ich schweige davon, daß dich, eine vaterlandslose Waise, die Sorge hervorragendster Männer aufzog, daß du in die Verwandtschaft der ersten des Staates aufgenommen wurdest, und was die kostbarste Art der Verwandtschaft ist, daß du ihnen schon vorher teuer zu sein begannst. Wer hat dich nicht überglücklich gepriesen in dem Glanze solcher Schwiegereltern, der Keuschheit der Gattin, so wohlgeratener männlicher Sprossen? Ich übergehe, denn ich übergehe gern Gewöhnliches, die Würden, Greisen versagt, die du in der Jugend erhieltest; mich freut es zu dem einzigartigen Gipfel deines

Glückes zu kommen. Wenn irgend eine Frucht vergänglicher Dinge ein Gewicht der Glückseligkeit besitzt, kann dann die Erinnerung an jenen leuchtenden Augenblick von einer noch so großen Last von Übeln getilgt werden? Als du sahst, wie deine zwei Kinder gleichzeitig als Consuln von der Menge der Senatoren unter dem freudigen Beifall des Volkes aus deinem Hause geleitet wurden, und du, während sie auf den curulischen Sesseln in der Curie saßen, als Lobredner des Königs dir den Ruhm des Talentes und der Beredsamkeit verdientest, als du im Zirkus inmitten der zwei Consuln die Erwartung der umherwogenden Menge durch eine Triumphspende sättigtest. Du hast, glaube ich, dem Glück schöne Worte gegeben, solange es dich streichelte, solange es dich wie ein Kleinod hegte. Du hast als Geschenk davon getragen, was es nie einem Privatmann geliehen hatte. Willst du also mit dem Glück Abrechnung halten? Jetzt zum ersten Male hat es dich mit scheelen Augen gestreift. Wenn du Zahl und Art froher und trauriger Ereignisse ansiehst, so kannst du bis jetzt nicht leugnen, glücklich gewesen zu sein. Wenn du dich doch nicht beglückt schätzest, weil, was damals froh schien, hingegangen ist, so ist das kein Grund, dich für unglücklich zu halten, da ja auch das, was du jetzt für traurig hältst, vorübergeht. Oder bist du auf die Bühne des Lebens erst jetzt, plötzlich und als Gast gekommen? Meinst du, daß menschlichen Dingen irgend eine Beständigkeit innewohne, da doch den Menschen selbst oft eine flüchtige Stunde auflöst? Denn wenn auch zufällige Dinge selten Zuverlässigkeit im Bleiben besitzen, so ist doch der letzte Tag des Lebens, der Tod eine Art von bleibendem Geschick. Wie also urteilst du, ist ein Unterschied, ob du jenes sterbend verlässest oder jenes fliehend dich läßt?

III Wenn am Himmel steigt das Gespann des Phöbus,
Ringsum Licht zu streuen beginnt,
Bleichen stumpfen Blicks alle blassen Sterne,
Rückgedrängt von dem Flammenmeer.
Sprießet rings der Hain bei des Zephirs Anhauch,
Schmückt ihn rosiges Frühlingskleid,
Wird im Nebelsturm bei des Südwinds Rasen
Schnell zerflattern der Blütenschmuck.
Bald erstrahlt am Tag in der heitern Sonne
Unbeweglich und still die See,
Bald, zerwühlt in Wut, bei des Nordsturms Stößen
Wandelt schnell sich der Fläche Bild.
Selten nur steht fest hier der Welt Gestaltung;
Wenn sie stetig im Wechsel kreist,
Wisse, Menschenglück ist gar wankelmütig,
Wisse, flüchtig die Güter auch.
Eins steht ewig fest als ein uns Gesetztes:
Nichts was irdisch erzeugt, beharrt.

IV Darauf sagte ich: Du sprichst die Wahrheit, o Nährerin aller Tugend, und ich kann den sehr schnellen Lauf meiner Wohlfahrt nicht leugnen. Aber gerade das quält in der Erinnerung noch heftiger, denn bei jeder Widerwärtigkeit des Geschickes ist das die unseligste Art des Unglücks, glücklich gewesen zu sein. – Aber wenn auch du, sprach sie, die Strafe für eine falsche Meinung büßest, kannst du sie doch mit keinerlei Recht den Dingen unterschieben. Wenn dich nämlich jener leere Name des zufälligen Glükkes bewegt, so magst du mit mir überlegen, was du noch an vielem, ja an meistern besitzest. Wenn dir nun alles, was du nach jedermanns Schätzung deines Glückes als das

Kostbarste besaßest, nach Gottes Ratschluß bisher unverletzt erhalten blieb, ja wenn du gerade das Beste behieltest, kannst du dich dann mit Recht unglücklich nennen? Noch steht unversehrt in voller Kraft jene köstliche Zierde des Menschengeschlechtes, dein Schwiegervater Symmachus, und was du bereitwillig mit dem Preise deines Lebens bezahlen würdest, er ein Mann, ganz Tugend und Weisheit, sicher des Seinigen, seufzt nur über das Unrecht, das dir widerfahren ist. Es lebt deine Gattin von Natur bescheiden, ausgezeichnet durch Keuschheit und Schamhaftigkeit, und um alle die Gaben kurz zusammenzufassen, dem Vater ähnlich. Sie lebt, sage ich, so sehr sie auch des eigenen Lebens überdrüssig ist, atmet sie für dich, und was, wie ich zugebe, dein Glücksempfinden mindern muß, verzehrt sich in Sehnsucht nach dir mit Tränen und Schmerzen. Was soll ich von deinen Kindern sagen, den Consuln, bei denen schon im Knabenalter das Beispiel des väterlichen und großväterlichen Geistes hervorleuchtete? Wenn nun schon die vorzüglichste Sorge der Sterblichen dahin geht, ihr Leben zu erhalten, o glücklich bist du, wenn du erkennst, daß du jetzt noch Güter besitzest, die jeder zweifellos höher als das Leben schätzt. Darum trockne deine Tränen, die andern hat außer dir das Glück noch nicht gehaßt, und dich hat auch noch kein zu starker Sturm erfaßt, solange die Anker halten, die nicht zulassen, daß dir der Trost der Gegenwart und die Hoffnung der Zukunft fehle. – Mögen sie halten, sprach ich, ich bete darum. Denn, wenn sie bleiben, dann wollen wir emportauchen, wie es auch kommen mag. Aber du siehst, wieviel von unseren Zierden zerfallen ist.

Und jene sprach: Wir sind schon ein Stück vorwärts gekommen, wenn dein Los dich noch nicht ganz verdrießt. Aber ich kann deine Verzärtelung nicht dulden, die dich so trauervoll und ängstlich beklagen läßt, was dir zu deiner Glückseligkeit fehlt. Denn wer besitzt ein Glück so zusammengesetzt, daß er nicht nach irgend einer Richtung mit seiner Beschaffenheit zankte? Eine ängstliche Sache ist es um das Los menschlicher Dinge; entweder kommen sie nie voll zur Geltung oder sie dauern nicht beständig. Dieser hat überreiches Vermögen, aber er schämt sich seines unedlen Blutes. Jenen macht sein Adel bekannt, aber durch kümmerliches Vermögen beengt, möchte er lieber unbekannt sein. Dieser, der an beidem Überfluß hat, vertrauert in Ehelosigkeit sein Leben. Jener in beglückter aber kinderloser Ehe pflegt seinen Reichtum für fremde Erben. Ein anderer, der sich einer Nachkommenschaft erfreut, beweint traurig die Vergehen seines Sohnes oder seiner Tochter. Deshalb lebt niemand so leicht mit dem Zustande seines Schicksals in Einklang. Jedes trägt etwas in sich, was man nicht kennt, ehe man es nicht erprobt hat, hat man es aber erprobt, schaudert man. Füge hinzu, daß gerade die Glücklichsten auch die empfindlichsten Sinne haben, und wenn ihnen nicht alles auf den Wink gehorcht, ungebärdig gegen jede Widerwärtigkeit, gerade von geringfügigsten niedergeworfen werden. Überaus klein ist das, was den Beglücktesten ihre höchste Glückseligkeit entzieht. Wieviele, meinst du wohl, würden sich dem Himmel nahe glauben, wenn ihnen nur der geringste Teil von dem Überreste deines Glückes zuteil würde? Dieser Ort selbst, den du Verbannung nennst, ist seinen Bewohnern Vaterland. Nichts ist elend, als wenn man es dafür hält, und andererseits ist jedes Los glücklich dem, der es mit Gleichmut trägt. Wer ist so glücklich, daß er seinen Zustand nicht zu ändern wünscht, sobald er der Ungeduld die Hand reicht. Mit wieviel Bitterkeit ist die menschliche

Glückseligkeit überstreut. Wenn sie auch beim Genusse angenehm erscheint, so läßt sie sich doch nicht abhalten, zu verschwinden, sobald sie will. Einleuchtend also ist, wie elend die Glückseligkeit aus vergänglichen Dingen ist, da sie bei den Gleichmütigen nicht beständig dauert, die Ängstlichen nicht ganz ergötzt.

Was also, ihr Sterblichen, sucht ihr draußen das Glück, das in euch liegt? Irrtum und Unwissenheit verwirrt euch. Ich will dir kurz den Angelpunkt der höchsten Glückseligkeit zeigen. Ist dir irgend etwas kostbarer als du selbst? Nichts, wirst du sagen. Wenn du also deiner selbst mächtig wärest, würdest du auch besitzen, was du weder jemals verlieren willst noch das Glück dir rauben kann. Und um zu erkennen, daß in diesen zufälligen Dingen die Seligkeit nicht bestehen könne, schließe so: Wenn diese Seligkeit das höchste Gut einer vernünftigen Natur ist, und nichts ein höchstes Gut ist, das dir irgendwie entrissen werden kann, da ja das, was nie geraubt werden kann, alles übertrifft, so ist es klar, daß die Unbeständigkeit des Glückes nicht Anspruch erheben kann, Seligkeit zu verschaffen. Ferner: wen diese unbeständige Glückseligkeit trägt, der weiß entweder oder weiß nicht, daß sie veränderlich ist. Weiß er es nicht, welches Los kann selig sein, bei der Blindheit der Unwissenheit? Weiß er es, so muß er mit Notwendigkeit fürchten zu verlieren, was man, wie er nicht zweifelt, verlieren kann. Deshalb läßt beständige Furcht ihn nicht glücklich sein. Oder aber, wenn er es verloren hat, und glaubt es übersehen zu dürfen, dann ist es also ein überaus bedeutungsloses Gut, dessen Verlust sich mit Gleichmut tragen läßt. Und da du, wie ich weiß, überzeugt bist, da es dir durch sehr viele Beweise eingepflanzt ist, daß die menschliche Seele in keinem Falle sterblich ist, und da es klar ist, daß das zufällige

Glück mit dem Tode des Körpers endet, so kann man nicht zweifeln, daß, wenn dieses die Glückseligkeit herbeiführen kann, das ganze Menschengeschlecht durch das Ende im Tode ins Unglück gleite. Wenn wir also wissen, daß viele die Frucht der Seligkeit nicht nur mit dem Tode, sondern auch mit Schmerzen und Qualen gesucht haben, wie kann das durch seine Gegenwart selig machen, was, wenn es vergangen, nicht unglücklich macht?

IV

Wer gern sein Haus beständig
Bauen möchte mit Umsicht,
Daß nicht das Wehn des Westwinds
Niederlegen es könnte,
Und wer sich fern will halten
Drohende Meeresfluten,
Der möge der Berge Gipfel,
Flüchtigen Sand vermeiden.
Der kecke Südwind droht dort
Kraftvoll stürmend die Mauern,
Hier weigert sich der lose
Baugrund Lasten zu tragen.
Gefährdet Los zu fliehen,
Schützend lieblichen Wohnsitz,
Mußt du dein Haus bescheiden
Fest auf Felsen erbauen.
Dann mögen Stürme brausen,
Trümmer mischen die Fluten,
In Ruhe fest gegründet
Schützt ein kraftvoller Wall dich,
Du führst ein heiteres Leben,
Lachst dem Zorne der Winde.

V Aber weil die Linderungsmittel meiner Gründe schon in dich eingegangen sind, so glaube ich etwas stärkere verwenden zu dürfen. Wohlan also: Wenn schon die Gaben des Glücks so hinfällig, so nur dem Augenblick angehörig nicht wären, was Hegt dann in ihnen, was jemals das eure werden könnte, oder nicht, einmal durchschaut und betrachtet, seinen Wert verlöre? Sind Reichtümer aus eurer oder aus ihrer eigenen Natur kostbar? Was gilt mehr an ihnen, das Gold oder die Macht des aufgehäuften Geldes? Es glänzt doch mehr beim Ausgeben als beim Anhäufen, da ja Habsucht immer verhaßt, Freigebigkeit beliebt macht. Wenn also das, was auf einen Anderen übertragen wird, bei niemand ausharren kann, dann ist auch das Geld nur insofern wertvoll, als es in seiner Übertragung auf andre, als Spende benutzt, aufhört eigener Besitz zu sein. Und wenn alles, was überall unter den Menschen verteilt ist, auf einen einzigen gehäuft würde, so würde es alle andern arm machen. Eine Stimme kann zwar zugleich in das Gehör vieler fallen, aber der Reichtum kann nur zersplittert in die Hände vieler übergehen. Und wenn dies geschieht, muß er notwendigerweise die arm machen, die er verläßt. O über diesen engen und machtlosen Reichtum, der weder von vielen ganz besessen werden kann, noch zu einem einzelnen ohne Armut aller andern gelangen kann. Oder zieht der Glanz der Edelsteine eure Augen an? Wenn in diesem Glanz etwas Vorzügliches ist, so gehört das Licht den Edelsteinen und nicht den Menschen; daß die Menschen sie bewundern, darüber wundere ich mich sehr. Was kann überhaupt mit Recht einer beseelten Natur schön erscheinen, was der Bewegung und Harmonie der Seele entbehrt? Und wenn sie schließlich auch als Werke des Schöpfers und durch eigene Zierde eine Spur von geringster Schönheit verraten, so stehen sie doch so weit unter euren Vorzügen, daß sie auf keine Weise eure Bewunderung verdienen dürften. Oder ergötzt euch die Schönheit der Landschaft? Warum nicht? Sie ist ein schöner Teil des schönsten Werkes. So erfreuen wir uns an dem heitren Antlitz des Meeres, so bewundern wir den Himmel, die Gestirne, den Mond und die Sonne, aber rührt etwas davon an dich, wagst du dich nur eines Stückchens ihres Glanzes zu rühmen? Oder wirst du selbst durch die Frühlingsblumen ausgezeichnet, oder schwillt deine eigene Fruchtbarkeit zu sommerlichen Früchten? Was lässest du dich hinreißen zu nichtigen Freuden? Was willst du äußere Güter ergreifen statt deiner eigenen? Nie wird das Glück das zu dem Deinen machen, was die Natur der Dinge dir fremd gemacht hat. Die Früchte der Erde gehören ohne Zweifel der Nahrung der Lebewesen. Aber wenn du, soweit es der Natur genügt, dein Bedürfnis decken willst, so brauchst du nichts vom Überfluß des Glückes zu begehren. Denn die Natur ist mit Wenigem und ganz Kleinem zufrieden; wenn du mit Überflüssigem sie zur Übersättigung treiben willst, dann wird, was du ihr einstopfst, entweder unangenehm oder schädlich werden. Hältst du aber für schön in bunten Kleidern zu glänzen? Wenn ihr Anblick erfreulich ist, so werde ich entweder ihren Stoff oder das Talent des Künstlers bewundern. Oder macht dich eine lange Reihe von Dienern glücklich? Sind ihre Sitten lasterhaft, so ist das Haus eine verderbliche Bürde und dem Herrn selbst ein schlimmer Feind. Sind sie aber rechtschaffen, wie kann dann fremde Rechtschaffenheit zu deinen Schätzen gezählt werden? Von allen diesen Dingen, die du unter deine Güter rechnest, erhellt klar, daß nichts dein Gut ist. Wenn ihnen also nichts von erstrebenswerter

Schönheit innewohnt, was betrübst du dich dann über ihren Verlust, erfreust dich an ihrer Bewahrung?

Wenn sie von Natur schön sind, was geht es dich an? Sie würden auch an sich, getrennt von deinem Reichtum, gefallen. Sie sind also nicht wertvoll, weil sie in deinen Besitz gelangten, sondern weil sie wertvoll schienen, hast du sie lieber deinem Besitz zuzählen wollen.

Was erstrebt ihr denn also mit eurem Lärmen um Glück? Ich glaube, ihr sucht den Mangel durch Fülle zu verjagen; doch das schlägt euch zum Gegenteil aus. Ihr braucht ja immer nur mehr Stützen, um die Mannigfaltigkeit eures kostbaren Haushaltes zu sichern. Die Wahrheit ist, daß diejenigen sehr vieles bedürfen, die sehr viel besitzen, und im Gegenteil die sehr wenig, welche ihren Reichtum nur an der Notdurft der Natur, nicht am Überfluß der Eitelkeit messen. Ist euch aber wirklich kein Gut zu eigen und eingepflanzt, daß ihr eure Güter in äußeren und nebensächlichen Dingen sucht? Hat sich die Lage der Dinge so verkehrt, daß ein dank der Vernunft göttliches Lebewesen vor sich selbst nicht anders als durch den Besitz leblosen Zierats zu glänzen scheint? Die andern sind zufrieden mit dem ihren; ihr, die ihr an Geist Gott ähnlich seid, erhascht von den niedrigsten Dingen Zierden für eure ausgezeichnete Natur und seht nicht ein, wie sehr ihr damit eurem Schöpfer Unrecht tut. Jener wollte, daß das Menschengeschlecht über alles Irdische rage, ihr stoßt eure Würde unter das Unterste herab. Denn wenn einmal erst jedes Gut eines jeden kostbarer ist als der, dem es gehört, wenn ihr erst die wertlosesten Dinge für eure Güter haltet, dann ordnet ihr euch nach eurer eigenen Schätzung eben ihnen selbst unter, was euch dann nicht unverdient trifft. Das ist ja die Grundbedingung der Menschennatur: So hoch sie über alle Dinge emporragt, wenn sie sich erkennt, so tief sinkt sie noch unter die Tiere, wenn sie aufhört, sich zu erkennen. Denn den andern Lebewesen ist sich nicht zu kennen Natur, bei den Menschen entsteht es aus dem Laster. Wie weit erstreckt sich dieser euer Irrtum, die ihr glaubt, daß sich etwas durch fremden Schmuck schmücken lasse? Das aber kann nie sein; denn wenn etwas durch ein Beiwerk strahlt, dann liebt man zwar das Beiwerk, was aber davon verdeckt und verhüllt wird, verharrt in seiner dadurch um nichts geminderten Häßlichkeit. Ich leugne aber, daß irgend etwas ein Gut sei, das seinem Besitzer schadet. Spreche ich damit die Unwahrheit? Keineswegs, sagst du. Doch hat Reichtum sehr oft den Besitzern geschadet, da jeder Schlechteste um so gieriger nach fremdem Gut ist, weil er sich allein für den Würdigsten hält das zu besitzen, was noch von Gold und Edelsteinen vorhanden ist. Du also, der du jetzt Spieß und Schwert ängstlich fürchtest, würdest, wenn du diesen Lebenspfad als besitzloser Wanderer beträtest, vor den Räubern singen. O herrliche Glückseligkeit vergänglicher Schätze, wenn man sie erlangt hat, hört man auf sorglos zu sein!

V

Beglückt sind die Zeiten der Väter,
Zufrieden mit treulichem Acker,
Verschont von träger Verschwendung,
Gewöhnt den verspäteten Hunger
Mit leichten Eicheln zu stillen.
Noch nicht verstanden sie Gaben
Des Bacchus mit Honig zu mischen,
Nicht leuchtend Gewebe der Serer
Mit tyrischem Safte zu färben.

Erquickenden Schlaf gab der Rasen,
Den Trank der hingleitende Waldstrom,
Den Schatten hochragende Fichten.
Noch nicht durchfuhren sie Meere
Mit weithin erlesenen Waren,
Ein fremdes Gestade zu schauen.
Noch schwiegen die wilden Trompeten,
Kein Blut vom bitteren Hasse
Vergossen färbte die Felder.
Wie hätte auch feindliches Wüten
Zuerst die Waffen ergriffen,
Wenn grausige Wunden sie sähen
Und nicht den Lohn dieses Blutes!
O daß doch unsere Zeiten
Zu früheren Sitten sich kehrten.
Doch wilder als Flammen des Ätna
Braust heiß die Begier zu besitzen.
O wehe, wer ist's, der zuerst einst
Des Goldes verborgene Lasten,
Juwelen, die gern sich verstecken,
Gefährliche Kostbarkeit aufgrub?

VI Was aber soll ich von Würden und Macht reden, die ihr, der wahren Würde und Macht unkundig, dem Himmel gleich setzt? Wenn sie nun grade auf irgend einen Schurken fallen, welcher feuerspeiende Ätna, welche Sintflut hätte solch Unheil angerichtet? Sicher, glaube ich, erinnerst du dich, wie eure Vorfahren die konsularische Befehlsgewalt, die der Anfang der Freiheit gewesen war, wegen des Übermuts der Consuln abzuschaffen begehrten, wie sie vorher wegen des gleichen Übermutes den königlichen

Namen aus dem Staat entfernt hatten. Aber wenn sie manchmal, was doch sehr selten ist, Tüchtigen übertragen werden, was gefällt dann an ihnen anders als die Tüchtigkeit? So kommt es, daß nicht den Tugenden aus der Würde, sondern aus der Tugend den Würden Ehre zuwächst. Was ist denn diese eure erstrebenswerte und herrliche Gewalt? Erwägt ihr irdischen Geschöpfe denn nicht, über wen ihr euch dünkt den Vorsitz zu führen? Wenn du jetzt eine unter den Mäusen sich Recht und Herrschaft über die andern anmaßen sähest, welches Lachen würde dich erschüttern! Wie aber, wenn man deinen Körper ansieht, kann man etwas Schwächeres als den Menschen finden, den oft ein Mückenstich oder ein schleichender Einfluß auf die verborgenen Teile tötet? Wie aber kann jemand einen andern anders als an seinem Körper seine Gewalt fühlen lassen und an dem, was noch unter seinem Körper ist, seinen Glücksgütern meine ich? Willst du etwa der freien Seele etwas befehlen? Willst du den Geist, der mit fester Vernunft in sich gefaßt ist, aus dem Zustande seiner eigenen Ruhe verdrängen? Als ein Tyrann einen freien Mann mit Folterqualen dazu bringen wollte, die Mitwisser einer Verschwörung zu verraten, biß sich dieser die Zunge ab und spie sie dem wütenden Tyrannen ins Gesicht. Der Tyrann hielt solche Marter für ein Werkzeug der Grausamkeit, der Weise machte sie zu einem solchen der Tugend. Was aber könnte man einem andern antun, was man nicht selbst von einem andern erleiden könnte? Wir haben gehört, daß Busiris, der seine Gäste umzubringen pflegte, von seinem Gaste Herkules geschlachtet worden ist. Regulus hatte viele Punier im Kriege gefangen und in Fesseln geworfen, aber später gab er seine Hände selbst den Ketten der Besiegten hin. Hältst du aber einen Menschen für mächtig, der es nicht erreichen kann, daß das, was er gegen einen andern vermag, der andere nicht auch gegen ihn vermöge? Ferner, wenn den Würden und Ämtern selber etwas von natürlichem, ihnen zugehörigem Guten innewohnte, so würden sie nimmer den Schlechten zuteil werden. Denn Gegensätze pflegen nicht sich einander zu gesellen. Die Natur weigert sich Widerstreitendes zu verbinden. Wenn also die Schlechtesten meistens die Würden bekleiden, so folgt daraus, daß das von Natur nicht gut ist, was leiden kann, daß es an Schlechtem haftet. Und dies kannst du noch mehr von allen Gaben des Glücks annehmen, die gerade zu den Unredlichsten im Übermaß gelangen. Auch das muß noch erwogen werden: niemand zweifelt, daß tapfer sei, wem ersichtlich Tapferkeit innewohnt; und wer Schnelle besitzt, ist offenbar schnell. So macht die Musik die Musiker, die Arzneikunst die Ärzte, die Redekunst die Redner. Denn die Natur eines jeden Dinges tut das, was ihr eigentümlich ist, und mischt sich nicht mit den Wirkungen des Gegenteils, sie vertreibt von sich aus, was ihr zuwider ist. Doch weder kann Reichtum den unersättlichen Geiz stillen, noch macht Amtsgewalt den seiner selbst mächtig, den lasterhafte Begierden mit unlösbaren Ketten fesseln und halten. Würde, an Schurken übertragen, macht sie nicht nur nicht würdig, sondern verrät mehr und macht offenkundig ihre Unwürdigkeit. Woher kommt das?

Euch freut es freilich Dinge, die sich anders verhalten, mit falschem Namen zu belegen, die der Erfolg der Sache leicht widerlegt. Daher kann weder dies Macht, noch jenes Reichtum, noch das Würde mit Recht benannt werden. Endlich kann man das Gleiche von dem ganzen Glück schließen, in dem offenbar nichts Erstrebenswertes, nichts von ursprünglicher Güte wohnt, das sich den Guten nicht immer vereint, und die nicht gut macht, denen es verbunden ist.

VI Wohlbekannt ist dir, wie er einst in Trümmer
Legt die Stadt in Brand und die Väter tötet,
Wie er wild darauf auch den Bruder mordet
Und vom Blute trieft seiner eignen Mutter;
Den entseelten Leib mit den Blicken musternd,
Rann vom Auge ihm keine Trän'; er konnte
Richter sein noch jetzt der verblichnen Schönheit.
Doch sein Szepter lenkt' all die vielen Völker,
Welche Phöbus schaut, wenn er in die Fluten
Niedersteigt, und wenn er zum Aufgang rückkehrt,
Die der kalte Nord mit dem Froste bändigt,
Die mit trockner Glut ungestüm der Südwind
Dörrt, wo er den Sand in der Wüste aufkocht.
Solch erhabne Macht sie vermochte doch nicht,
Daß des Nero Wut sich, des schlimmen wandle.
Weh dem schweren Los, wenn das ungerechte
Schwert zusammenkommt mit dem wilden Gifte!

VII Darauf sagte ich: Du weißt selbst, daß uns der Ehrgeiz nach vergänglichen Dingen sehr wenig beherrscht hat. Wir haben nur ein Wirkungsfeld für Taten gewünscht, damit unsre Kraft nicht stillschweigend altere. – Darauf jene: Das ist ja das einzige, was die Geister, die von Natur hervorragend, aber noch nicht zur höchsten Stufe durch Vervollkommnung der Tugend geführt sind, verlocken kann, nämlich die Begierde nach Ruhm und der Ruf hoher Verdienste im Staat; wie dürftig auch dieser ist, wie völlig gewichtlos, das überlege nun: Wie du aus den Beweisen der Astrologen weißt, ist die Erde in ihrem ganzen Umfang nur ein Punkt im Vergleich zum Himmelsraum, so daß, wenn man sie gegen die Größe der Himmelskugel hält, sie überhaupt keinen Raum zu haben scheint. Von diesem in der Gesamtwelt so geringfügigen Gebiet wird, wie du aus Ptolemäus' Beweis gelernt hast, nur der vierte Teil von uns bekannten Lebewesen bewohnt. Wenn du in Gedanken von diesem vierten Teil das abziehst, was Meer und Sümpfe einnehmen, oder wo sich Wüsten erstrecken, so bleibt für die Menschen kaum ein allerkleinster Wohnsitz. Auf diesem geringsten Punkt eines Punktes umhegt und eingeschlossen, denkt ihr nun euren Ruf zu verbreiten, euren Namen auszudehnen? Was besitzt denn Wertes und Prächtiges ein Ruhm, der auf so enge und geringfügige Grenzen beschränkt ist? Füge hinzu, daß auch dieses enge Gehege eures Wohnsitzes mancherlei Nationen bewohnen, die durch Sprache und ihre ganze Lebensweise euch fernstehen, zu denen wegen der Schwierigkeit der Reise, der Verschiedenheit der Sprachen, des Mangels an Verkehr nicht nur nicht der Ruf einzelner Personen, sondern nicht einmal ganzer Städte gelangen kann. Zur Zeit des Marcus Tullius hatte, wie er selbst einmal bemerkt, der Ruf des römischen Staatswesens noch nicht einmal den Kaukasus überschritten, und es war damals in voller Kraft, den Parthern und den andern Völkern dieser Gegenden furchtbar. Siehst du also, wie eng, wie eingeschränkt dieser Ruhm ist, den ihr zu verbreiten und fortzupflanzen euch so bemüht? Denn wohin der Ruf des römischen Namens nicht gelangen kann, dahin soll der Ruhm eines römischen Mannes vordringen? Obendrein sind Sitten und Einrichtungen verschiedener Völker untereinander zwieträchtig, so daß, was bei den einen des Lobes, bei den andern des höchsten Tadels würdig scheint. So kommt es, daß wenn sich jemand der Bekanntmachung seines Ruhmes freut, dies nicht dazu führt, daß sein Name bei andern Völkern verbreitet wird. Daher muß jeder zufrieden sein, wenn sich sein Ruhm unter den Seinigen ausbreitet, und jene herrliche Unsterblichkeit des Ruhmes wird sich auf die Grenzen eines einzigen Volkes beschränken.

Wieviele ihrer Zeit hochberühmte Männer hat aus Mangel an Geschichtsschreibern Vergessenheit ausgelöscht! Freilich was sollen auch die Schriften selbst nutzen, auf denen samt ihren Schriftstellern langes und verdunkelndes Alter lastet? Euch aber scheint es, als ob ihr für euch Unsterblichkeit pflanzt, wenn ihr an den Ruhm der Zukunft denkt. Wenn du die unendlichen Räume der Ewigkeit durchfliegst, hast du dann noch Grund dich an der Dauer deines Namens zu freuen? Wenn du das Verweilen eines einzigen Augenblicks mit zehntausend Jahren vergleichst, so mag jener, da beide nur ein begrenzter Zeitraum sind, eine zwar geringe, aber immerhin eine Ausdehnung haben. Aber die Zahl der Jahre schlechthin, auch jedes Vielfache derselben, läßt sich mit der unbegrenzten Dauer überhaupt nicht vergleichen; denn Begrenztes kann man wohl noch zu einander in Beziehung setzen, aber zwischen Endlichem und Unendlichem gibt es keine. So kommt es, daß der Ruf in einer noch so ausgedehnten Zeit, wenn er zusammen mit der unerschöpflichen Ewigkeit gedacht wird, nicht klein, sondern überhaupt nicht vorhanden scheint. Ihr aber versteht nur vor den Ohren des Volkes und seinem nichtigen Gerede recht zu handeln, ihr laßt den Vorzug des Gewissens und der Tugend außer acht und fordert Lohn von fremdem Geschwätz. Höre, wie witzig einst jemand so leichtfertige Anmaßung verspottet. Irgend jemand hatte einen Menschen, der nicht zur Übung wahrer Tugend, sondern aus Ruhmredigkeit fälschlich den Namen Philosoph angenommen hatte, mit Schmähungen angefahren und hinzugefügt, er werde bald wissen, ob jener ein Philosoph sei, wenn er nämlich die Beleidigungen sanft und geduldig ertrüge. Der nahm ein Weilchen Geduld an, und als ob er über die Beleidigungen spotte, sagte er: »Begreifst du nun, daß ich ein Philosoph bin«? Darauf sagte der andre bissig: »Ich hätte es begriffen, wenn du geschwiegen hättest«. Was geht vorzügliche Männer, denn nur von solchen ist die Rede, die aus Tugend nach Ruhm streben, was, frage ich, geht sie nach Auflösung des Körpers durch den Tod der Nachruf an? Wenn die Menschen ganz sterben, was unsere Vernunft zu glauben verbietet, so gibt es überhaupt keinen Ruhm, da, der ihn besitzen soll, gar nicht existiert. Wenn aber der Geist seiner selbst wohl bewußt, vom irdischen Kerker erlöst, frei zum Himmel steigt, ob er da nicht jedes irdische Geschäft verschmäht, er, der den Himmel genießend sich freut, des Irdischen ledig zu sein?

VII Wer nur nach Ruhm mit stürmischen Sinnen strebt,
In ihm der Güter höchstes sieht,
Der schau', wenn er zum weiten Himmelszelt geblickt,
Hin auf der Erde schmalen Raum.
Füllt euer Name schon den engen Umkreis nicht,
So bringt euch, ihn zu mehren, Scham.
Was strebt ihr Stolzen unterm Joch der Sterblichkeit
Den Nacken bäumend, doch umsonst!
Mag zu entlegnen Völkern dringen euer Ruf,
Mag nennen ihn auch fremder Mund,

Von Ehrentiteln glänzen euer hohes Haus,
Der Tod verspottet großen Ruhm.
Das niedre Haupt, wie das erhabne fällt er gleich,
Das Höchste, Tiefste gilt ihm eins.
Wo blieb des redlichen Frabricius Gebein?
Wo Brutus? Cato's Strenge? Wo?
Mit wen'gen dürren Lettern schrieb ein magrer Ruf
Den Rest, den leeren Namen auf.
Doch, was wir kennen Anmut, unsrer Rede Zier,
Kennt das wohl die Verwesung noch?
So liegt ihr also völlig in Vergessenheit
Und der entreißt euch nicht der Ruf.
Doch glaubt ihr länger euer Leben hinzuziehen
Mit eures Namens ird'schem Hauch,
So wartet, wenn ein später Tag auch ihn entrafft,
Doch eurer nur ein zweiter Tod.

VIII Doch du sollst nicht glauben, daß ich einen unerbittlichen Krieg mit der Fortuna führe; manchmal macht sie sich auch um den Menschen wohl verdient und ist nicht trügerisch; dann nämlich, wenn sie sich offen kundgibt, wenn sie ihre Stirne enthüllt und ihren Charakter bekennt. Vielleicht begreifst du noch nicht, was ich sagen will. Wunderbar ist freilich, was ich zu sagen trachte, und deshalb kann ich meine Meinung kaum mit Worten entwickeln. Ich glaube nämlich, daß den Menschen ein widriges Geschick mehr als ein günstiges nütze. Dieses lügt nämlich immer unter dem Scheine der Glückseligkeit, während es zu schmeicheln scheint; jenes ist immer wahr, da es in seiner Veränderung seine Unstetheit zeigt; dieses täuscht, jenes belehrt. Dieses bindet die Seelen der Genießer unter dem

Scheine lügnerischer Güter, jenes löst sie durch die Erkenntnis der Gebrechlichkeit jener Glückseligkeit. Daher siehst du dieses windig, fließend, immer seiner selbst unkundig, jenes nüchtern gegürtet und selbst klug durch Übung in der Widerwärtigkeit. Endlich zieht das Günstige durch Schmeicheln vom Pfade der Tugend ab, das Widrige führt meistens zum wahren Guten zurück, indem es mit Widerhaken zieht. Und dann schätzest du es gering, daß diese herbe schreckliche Göttin dir die Seelen der treuen Freunde entdeckt hat? Sie hat dir die zuverlässigen Mienen der Gefährten von den zweideutigen gesondert, und als sie wegging, hat sie die ihrigen mit sich genommen, die deinigen dir gelassen. Wie hoch hättest du dir dies erkauft, als du dir noch heil und beglückt erschienst? Jetzt klagst du über verlorene Schätze; du hast die kostbarste Art von Reichtümern, Freunde gefunden.

VIII

Daß die Welt mit beständger Treu
Eintracht mitten im Wechsel hält,
Daß im Zwist ihrer Keime doch
Stets das ewige Bündnis bleibt,
Daß mit goldnem Gespann herauf
Phöbus führet den rosigen Tag,
Und geleitet von Hesperus
Phöbe herrschet in duftiger Nacht,
Daß das gierige Meer die Flut
In gesicherten Grenzen hält,
Daß das Land nicht hinaus ins Meer
Seine Küsten zu schieben wagt;
Solche Ordnung der Dinge knüpft
Sie, die Länder und Meere lenkt,

Liebe, die Himmelsbeherrscherin!
Wenn sie lockert den straffen Zaum,
Fällt, was eben einander geliebt,
In beständigem Krieg sich an,
Und die Kräfte, die, wenn vereint,
Schön bewegen den Weltenbau,
Eifern jetzt zu zerstören ihn.
Sie umschließet den heiligen Bund,
Der die Völker vereinigt hält,
Und der Ehe geheiligten Schwur
Knüpft sie keusch in der Liebe fest,
So auch schreibt ihr hohes Gesetz
Hier die Treue den Freunden vor.
O glückseliges Menschengeschlecht,
Wenn die Liebe auch euren Geist
Lenkt, so wie sie den Himmel lenkt.

DRITTES BUCH

I Schon hatte sie ihren Gesang beendet, als mich noch immer hörbegierig in Staunen versunken, das lauschende Ohr ihr zugewandt, der süße Zauber des Liedes fesselte. Endlich sprach ich: O du höchster Trost ermatteter Gemüter, wie hast du mich zugleich mit der Wucht der Gedanken und der Holdseligkeit des Gesanges erquickt, so sehr, daß ich mich nun und fortan den Schlägen der Fortuna gewachsen fühle. Darum bebe ich jetzt nicht mehr zurück vor jenen Heilmitteln, die du noch eben als zu scharf bezeichnetest, sondern fordere sie hörbegierig mit Heftigkeit. – Da sprach jene: Ich habe es wohl gefühlt, wie du unsre Worte schweigend und mit Aufmerksamkeit aufrafftest, und diese Verfassung deines Geistes habe ich nicht nur erwartet, sondern ich habe sie in Wahrheit selber bewirkt. Was übrig bleibt, ist derart, daß es beim Kosten wohl herb, beim Genusse aber süß ist. Und wenn du dich jetzt hörbegierig nennst, von welcher Glut würdest du entflammt sein, wenn du erkenntest, wohin wir dich zu führen unternehmen? – Wohin? fragte ich. – Zum wahren Glück, sprach sie, von dem auch dein Geist träumt; da aber dein Auge auf Schattenbilder gerichtet ist, vermag er es selbst nicht anzuschauen. – Darauf ich: Eile, ich beschwöre dich, und zeige mir ohne Zögern, was dieses Wahre ist. – Deinetwegen will ich es gerne tun, sagte sie, doch werde ich zuvor versuchen den Grund, der dir bekannter ist, mit Worten zu bezeichnen und zu gestalten, damit du ihn erst erblickst und dann, wenn du dein Auge nach der entgegengesetzten Seite wendest, das Bild des wahren Glückes zu erkennen vermögest.

I Rodet der Landmann das fruchtbare Saatfeld,
Tilget er erstlich das taube Gesträuch aus,
Sichelt den Dornbusch, wuchernde Farren,
Dann erst lohnt Ceres mit üppigen Ähren.
Süßer noch mundet die Mühe der Bienen,
Spürte den bittern Geschmack erst die Zunge.
Holder noch leuchten die Sterne hernieder,
Schweigt erst der Sturm und des Regens Gebrause.
Luzifer muß erst die Finsternis scheuchen,
Ehe der Tag dann das Rosengespann führt.
Du von falschen Gütern geblendet,
Schüttle zuvor vom Nacken das Joch ab,
Dann erst erfüllt die Wahrheit den Geist dir.

II Da heftete sie eine Weile ihren Blick auf den Boden, als ob sie sich in den innersten Sitz ihrer Seele zurückzöge, dann begann sie: Alle Sorge der Menschen, wie vielfältig auch die Mühe ihrer Bestrebungen sein mag, schlägt zwar verschiedene Wege ein, trachtet aber doch nur nach einem Ziele, nach der Glückseligkeit. Ein Gut aber nenne ich, das nichts weiter zu wünschen läßt, wenn man es erlangt hat. Das aber ist das höchste Gut, in dem alle andern enthalten sind; es wäre eben das höchste nicht, wenn ihm irgend etwas abginge, da ja dann eben noch etwas außerhalb wäre, was man wünschen könnte. Es ist also klar, daß die Glückseligkeit ein Zustand ist, der durch die Vereinigung aller Güter vollkommen ist. Diesen, wie gesagt, suchen alle Sterblichen zu erreichen, aber auf verschiedenen Pfaden. Denn dem Geiste der Menschen ist von Natur die Begierde nach dem wahren Guten eingepflanzt, nur der mißleitete Irrtum verführt sie zum Falschen. Einige, die es für das höchste Glück halten, an nichts Mangel zu haben, setzen ihre Mühe daran, in Reichtum zu schwimmen; andere aber halten es für das der Verehrung würdigste Gut, Auszeichnungen auf sich zu häufen; so streben sie bei ihren Mitbürgern in höchster Achtung zu stehen. Manche setzen das höchste Gut in die höchste Macht; sie versuchen selbst zu herrschen oder sich an die Herrscher zu drängen. Diejenigen aber, denen Berühmtheit als das Beste erscheint, eifern danach, mit den Künsten des Krieges oder des Friedens die Herrlichkeit ihres Namens auszubreiten. Weitaus die meisten messen die Frucht des Guten ab nach Freude und Vergnügen; sie halten es für das allerglücklichste in Lüsten überzufließen. Manche vertauschen auch die einzelnen Zwecke und Ursachen miteinander, sie ersehnen dann Reichtum um der Macht und Lust willen, Macht um des Geldes oder der Verbreitung ihres Namens willen. Um diese und ähnliche Absichten kreisen alle menschlichen Handlungen und Wünsche, wie denn Adel und Volksgunst eine Art Glanz zu verleihen scheinen, wie man Weib und Kind um der Lieblichkeit willen sucht; Freundschaft aber, die lauterste Art, ist nicht zum Glück, sondern zur Tugend zu zählen. Alles übrige aber eignet man sich um der Macht oder um des Ergötzens willen an. Daß auch die Güter des Körpers zu den oben genannten zu rechnen sind, liegt auf der Hand. Denn Stärke und Größe scheinen Tüchtigkeit zu verleihen, Schönheit und Behendigkeit Ansehen, Gesundheit Vergnügen zu gewähren; es ist klar, daß in allem diesem nur die Glückseligkeit gewünscht wird; denn was jemand vor allem andern erstrebt, das hält er für das höchste Gut. Aber wir haben als höchstes Gut die Glückseligkeit bestimmt, also hält jeder den Zustand für glückselig, den er vor andern erstrebt.

So hast du also die Gestalt der menschlichen Glückseligkeit, fast als ob sie dir vor Augen stände: Geld, Ehren, Macht, Ruhm, Wollust. Da Epicurus dies allein betrachtete, setzte er folgerichtig das höchste Gut in die Lust, weil doch alles andere dem Geist Vergnügen zu verschaffen scheine. Aber ich kehre zu den Bestrebungen der Menschen zurück, deren Geist, wenn auch mit verdunkelter Erinnerung, dennoch zum höchsten Gute strebt, so daß er nur gleichsam berauscht nicht weiß, auf welchem Pfade er in die Heimat zurückkehren soll. Schienen etwa die zu irren, die da strebten nichts zu entbehren? Es gibt nichts anderes, was gleicherweise die Glückseligkeit vollenden kann, wie ein reichlicher Zustand von Gütern, der nichts Fremdes bedarf, der sich selber genügt. Irren etwa die ab, die da meinen, was das Beste sei, sei auch achtungsvoller Verehrung am würdigsten? Keineswegs, denn nicht gemein und verächtlich ist doch das, was zu erreichen fast alle Sterblichen sich mühen. Oder ist Macht nicht zu den Gütern zu zählen? Wie also? Ist das für schwach und kraftlos zu erachten, was sicherlich trefflicher ist als alles andre? Oder ist die Berühmtheit für nichts zu schätzen? Die Tatsache läßt sich nicht aus der Welt schaffen, daß alles Trefflichste auch das Gerühmteste scheint. Was brauche ich zu sagen, daß die Glückseligkeit nicht angst- und trauererfüllt ist, daß sie Schmerz und Trübsal nicht unterworfen ist, da doch auch in den geringfügigsten Dingen das erstrebt wird, was zu besitzen und zu genießen ergötzt. Und das ist es doch, was die Menschen erlangen wollen; deshalb ersehnen sie doch Reichtum, Würden, Herrschaft, Ruhm und Lust, weil sie glauben, hieraus werde ihnen Genügen, Ansehen, Macht, Berühmtheit, Freude kommen. Das Gute ist es also, wonach die Menschen mit so verschiedenem Streben trachten, und hiermit zeigt sich leicht, wie groß die Kraft der Natur ist, da, wie mannigfaltig und einander widersprechend die Ansichten sein mögen, sie doch alle in der Liebe zum Guten ihr Ziel sehen.

II Die du lenkst den Zügel der Schöpfung,
Mächt'ge Natur. Unendliche Räume
Sorglich zwingst du in ew'ge Gesetze,
Knüpfst in feste Knoten der Dinge
Unlösbar Band. Mit tönendem Sange
Nie matter Treue preise mein Lied dich.
Lang schleppt der Löwe die Last schöner Ketten,
Leckt die Hand, die ihm reicht sein Futter,
Feige scheut er, gewohnt der Peitsche,
Seines Herren drohende Blicke.
Doch netzt Blut ihm grausig den Rachen,
Dann kehrt zurück der verhaltene Mut ihm,
Laut aufbrüllend denket er seiner.
Seine Fesseln zersprengt der Nacken,
Und zerfleischt vom blutigen Zahn sinkt
Erstes Opfer des Zorns der Zwingherr.
Hoch in Zweigen girrte der Vogel,
Nun umschließt ihn des Käfigs Gefängnis;
Ihm reicht die Schale bestrichen mit Honig,
Reichlich Bissen voll freundlichem Eifer
Bietet ihm tändelnde Sorge der Menschen.
Aber hüpft er zum niederen Dache,
Schaut er die Schatten des heimischen Haines,
Mit den Füßen zerstreut er sein Futter;
Nach den Wäldern sehnt er sich traurig,
Nach den Wäldern sein süßes Singen.

Packt die kräftige Faust den Baumstamm,
Neigt zur Erde herab sich der Gipfel;
Läßt ihn los die krümmende Rechte,
Aufwärts steigt sein Scheitel zum Himmel.
Phöbus sinkt in nächtliche Wogen,
Aber zurück auf verborgenem Pfade
Führt den Wagen er wieder zum Aufgang.
So sucht alles die eigenen Bahnen,
Alles fühlt die Wonnen der Rückkehr.
Das nur bleibt in der ewigen Ordnung,
Was den Anfang eint mit dem Ende,
Was sich schließt zum gefestigten Kreise.

III Auch ihr, o irdische Geschöpfe, träumt, wenn auch unter einem dürftigen Bilde, von eurem Ursprung, und mögt ihr auch dieses wahre Ziel der Glückseligkeit wenig durchdringen und nur in Gedanken schauen, so führt euch doch dahin und zum wahren Guten euer natürlicher Hang, und nur der vielgestaltige Irrtum lenkt euch davon ab. Erwäge nun, ob die Menschen durch das, wodurch sie Glückseligkeit zu erreichen hoffen, zum vorbestimmten Ziele zu gelangen vermögen. Wenn nämlich Geld oder Ehre usw. so beschaffen sind, daß ihnen kein Gut mehr zu fehlen scheint, so wollen auch wir bekennen, daß die Menschen hierdurch glücklich werden können. Wenn sie aber nicht das zu leisten vermögen, was sie versprechen, und der meisten Güter entbehren, ertappt man sie dann nicht offenkundig auf einem falschen Schein von Glückseligkeit? Ich frage dich zuerst selbst, der du noch eben in Reichtum schwammst: Hat unter diesem Überfluß von Schätzen deinen Geist niemals Angst, die aus irgend einem Unrecht erwuchs, getrübt? – Doch, sagte ich, ich kann mich nicht erinnern, jemals so freien Geistes gewesen zu sein, daß mich nicht irgend eine Sorge geängstigt hätte. – Nicht wahr, weil etwas fehlte, was du gerne nicht hättest fehlen sehen, oder weil etwas da war, was du lieber forthaben wolltest? – So ist es, sagte ich. – Also wünschtest du das eine herbei, das andere weg? – Ich gestehe es, sagte ich. – Entbehrt man das, sagte sie, was ein jeder sich wünscht? – Man entbehrt es, sagte ich. – Wer nun etwas entbehrt, genügt nicht vollauf sich selbst? – Keineswegs, sagte ich. – Dich erfüllte also ein solches Nichtgenügen inmitten deiner Schätze? sprach sie. – Was denn sonst? sprach ich. – Also vermag dich Reichtum nicht bedürfnislos und selbstgenügsam zu machen, und gerade das schien er zu versprechen. Darüber hinaus muß man ganz besonders erwägen, daß es nicht in der Natur des Geldes liegt, daß man es seinen Besitzern ohne deren Zustimmung nicht nehmen könne. – Ich gestehe es, sagte ich. – Wie solltest du es auch nicht gestehen, da es täglich ein Stärkerer einem Schwächeren entreißt? Woher kämen denn die Gerichtsklagen, wenn nicht Geld zurückgefordert würde, das mit Gewalt oder List den Eigentümern gegen ihren Willen entrissen worden ist? – So Ist es, sagte ich. – Also bedarf wohl jeder, sprach sie, eines von außen kommenden Schutzes, um sein Geld zu sichern? – Wer möchte das leugnen, sagte ich. – Gleichwohl würde er nicht eines solchen bedürfen, wenn er nicht Geld besäße, das er verlieren könnte? – Daran kann man nicht zweifeln, sagte ich. – So hat sich die Sache gerade in ihr Gegenteil verwandelt; der Reichtum, von dem man glaubte, daß er sich selbst genüge, ist vielmehr fremden Schutzes bedürftig. Auf welche Weise soll auch die Bedürftigkeit vom Reichtum vertrieben werden? Können etwa Reiche nicht hungern? Können sie nicht dürsten? Fühlen die Glieder der Begüterten nicht die Winterkälte? Aber, wirst du sagen, die Reichen haben das Mittel in der Hand, Hunger und Durst zu stillen und die Kälte abzuwehren. Dergestalt freilich läßt sich das Bedürfnis durch den Reichtum stillen, aber nicht von Grund aus abschaffen. Denn wenn auch dieser ewig gähnende, ewig begehrende Schlund mit Schätzen gefüllt wird, wird doch noch immer etwas zum Füllen bleiben. Ich schweige davon, daß der Natur das Geringste genügt, der Habgier aber nichts. Wenn also der Reichtum das Bedürfnis nicht abschaffen kann, wenn er vielmehr sein eigenes schafft, wie könnt ihr dann glauben, daß er Genüge gewähre?

III Wenn aus des Goldes nie versiegter Quelle auch
Schöpft des Geizigen Gier Schätze, die nimmer genug,
Und schmückt er mit des Meeres Perlen seinen Hals,
Pflügt sein fruchtbares Feld hundertfältig Gespann,
Nagt doch die Sorge ewig an dem Lebenden,
Und sein nichtiger Schatz läßt ihn im Tode allein.

IV Doch Würden machen den, der sie erworben, angesehen und ehrfurchtgebietend. Haben aber obrigkeitliche Stellen die Kraft, dem Geist ihrer Inhaber Tugend einzuflößen, Fehler auszumerzen? Nein, sie beleuchten eher die Nichtswürdigkeit, als daß sie sie verjagen. So kommt es, daß wir unwillig sind, wenn sie oft ganz nichtsnutzigen Menschen zuteil werden, wie denn Catull den Nonius trotz seines curulischen Ehrensitzes einen Tropf nennt. Siehst du also nicht, wie sehr die Würden für die Schlechten die Schande vergrößern? Denn ihre Unwürdigkeit würde doch weniger offenkundig sein, wenn sie durch keine Würden ins helle Licht gesetzt würde. Und hättest du, trotz so vieler Gefahren, je dazu verführt werden können, mit Decoratus, in dem du die Gesinnung eines nichtswürdigen Possenreißers und Angebers erblicktest, gemeinsam ein Amt zu bekleiden? Wir können um der Ehrenstellen willen nicht die für ehrwürdig halten, die wir der Ehrenstellen selber für unwürdig halten. Aber wenn du jemand mit Weisheit begabt sähest, könntest du ihn für nicht würdig der Ehrfurcht oder der Weisheit, mit der er begabt ist, halten? – Keineswegs. – Die Tugend hat nämlich ihre eigene Würde, welche sie auf die, denen sie verbunden ist, weiter überträgt. Wenn dies die vom Volke übertragenen Ehren nicht zu leisten vermögen, so geht daraus hervor, daß sie die eigentümliche Schönheit der Würde selbst nicht besitzen.

Hierbei ist folgendes noch besonders zu beachten; wenn jemand um so verworfener ist, je mehr er von vielen verachtet wird, so macht die Würde die Unredlichen, da sie diese nicht verehrungswürdiger machen kann, nur noch verächtlicher, weil sie sie vielen zeigt. Leider nicht ungestraft, denn die Schlechten zahlen den Würden gleiches heim; sie besudeln sie durch ihre Ansteckung. Damit du aber erkennst, daß aus diesen Schattenwürden keine echte Ehrerbietung herrühren kann, schließe so: Wenn jemand, der mehrfach den Consulat bekleidet hat, durch Zufall zu barbarischen Völkern käme, würden seine Ehren ihn den barbarischen Völkern verehrungswürdig machen? Und doch, wenn dies die natürliche Eigenschaft der Würden wäre, würden sie nirgends in der Welt von ihrer Ausübung abweichen, wie das Feuer nirgends auf der Welt aufhört zu wärmen. Da dies aber nicht eigne Kraft, sondern die falsche

Meinung der Menschen mit ihnen verknüpft, so schwinden sie auf der Stelle hin, wenn sie zu denen kommen, welche nicht schätzen, was diese Würden sind, und dies ist der Fall bei fremden Völkern. Ob sie aber auch dort, wo sie entstanden sind, immer dauern? Trotzdem die Prätur einst eine große Macht war, ist sie jetzt ein leerer Name und als Steuer für die Senatoren eine schwere Last. Wenn sich jemand einst um die jährlichen Ernteerträge des Volkes kümmerte, so wurde er für groß gehalten; was gibt es jetzt Verächtlicheres als die Präfektur? Wie wir nämlich eben erst gesagt haben: das, was nichts von eigner Schönheit an sich hat, wird je nach der Meinung des Gebrauchers bald Glanz annehmen, bald ihn verlieren. Wenn also Würden nicht verehrungswürdig machen können, wenn sie überdies durch Ansteckung der Unredlichen schmutzig werden, wenn sie ihren Glanz im Wandel der Zeiten ablegen, wenn sie je nach der Meinung der Völker wertlos werden, was ist dann an ihnen von erwünschbarer Schönheit, geschweige, daß sie andere übertreffen?

IV

Mag im purpurnen Kleid von Tyrus Küste
Prahlend verziert mit Edelsteinen
Nero prunken, so bleibt des Wahnsinns Aufwand
Ewig verhaßt doch bei allen Menschen.
Doch der Frevler verlieh verehrten Vätern
Ehrenlose kurulische Ämter.
Wer kann Ehren denn noch für glücklich halten,
Welche die Elenden so verleihen?

V Oder vermag Königsherrschaft, Königsfreundschaft mächtig zu machen? Warum soll sie es nicht, wenn ihr Glück beständig dauert? Jedoch die alte Zeit ist ebenso wie die Gegenwart voller Beispiele, wieviele Könige das Glück mit dem Elend vertauscht haben. O herrliche Macht, die nicht einmal wirksam genug erfunden wird, sich selbst zu erhalten! Und wenn nun diese königliche Gewalt die Quelle der Glückseligkeit ist, würde sie dann nicht, wenn sie irgendwo nicht ist, das Glück verringern und Unglück bringen? Aber wie weit sich auch menschliche Königreiche erstrecken, mehr Völker müssen doch übrigbleiben, über die Könige nicht herrschen. Wenn aber irgendwo die Macht, die sie beglückt, aufhört, da muß Ohnmacht eintreten, die sie elend macht. So müßten also Könige mehr Anteil am Elend als am Glück haben. Der Tyrann, der die Gefahren seines Schicksalloses erprobt hat, versinnbildlicht die Angst des Herrschers durch den Schrecken des Schwertes, das beständig über seinem Scheitel schwebt. Was ist das also für eine Gewalt, welche die nagende Sorge nicht vertreiben, dem Stachel der Angst nicht entgehen kann? Selbst wenn sie sorglos leben wollten, sie könnten es nicht. Und dieser Macht rühmen sie sich! Oder schätzest du etwa den für mächtig, der sichtlich das will, was er nicht vollführen kann? Hältst du den für mächtig, der sich mit Trabanten umgibt, der die, welche er schreckt, selber noch mehr fürchtet, der um mächtig zu erscheinen, sich in die Hand seiner Diener begibt? Was soll ich nun erst über die Vertrauten der Könige reden, wenn ich beweise, daß die Königsherrschaft so voll Gebrechlichkeit ist? Jene werden von der königlichen Gewalt ebenso oft gestürzt, wenn diese fest bleibt, wie wenn sie wankt. Nero zwang seinen Vertrauten und Lehrer Seneca dazu, sich selber die Todesart zu wählen. Den Papinianus, der lange unter den Höflingen mächtig war, gab Antoninus den Schwertern der Soldaten preis. Und doch hätten beide gern auf ihre Macht verzichtet, Seneca versuchte sogar seine Schätze Nero zu überlassen und sich in die Stille zurückzuziehen, aber da die Stürzenden ihr eigenes Schwergewicht abwärts zieht, erreichte keiner seinen Wunsch. Was ist das also für eine Macht, die der Besitzende fürchtet und nicht sicher ist, sie zu bewahren, der man nicht ausweichen kann, auch wenn man sie niederlegen möchte? Oder sind etwa Freunde, welche nicht die Tugend gewinnt, sondern das Glück, ein Schutz? Wen dir nur das Glück zum Freunde gemacht hat, den wird das Mißgeschick dir zum Feinde machen. Welche Seuche aber ist schädlicher als ein Feind, der dein Vertrauter war?

V

Wer mächtig zu werden begehret,
Der zügle die Zornesgedanken,
Den Nacken beuge er nimmer
Ins schimpfliche Joch der Begierden.
Denn mögen auch Indiens Länder
Erzittern vor deinen Geboten,
Das äußerste Thule dir dienen,
Kannst du die verdüsternde Sorge,
Die jammernde Klage nicht bannen,
Ist all dieses Macht nicht zu nennen.

VI Der Ruhm nun, wie trügerisch, wie schimpflich ist er oft! Deshalb ruft der Tragiker nicht mit Unrecht aus: »O Ruhm, Ruhm, wieviel Tausenden von nichtsnutzigen Sterblichen hast du das Leben zu Großem aufgeblasen.« Viele nämlich haben oft einen großen Namen durch die falschen Meinungen der Menge davongetragen. Was kann man sich Schimpflicheres ausdenken; denn die fälschlich gepriesen werden, müssen bei ihrem Lob erröten. Ist er aber durch Verdienste erworben, was kann dies dem Bewußtsein des Weisen hinzufügen, der sein Gut nicht nach dem Gerede der Menge, sondern nach der Wahrheit des Gewissens mißt? Und wenn es nun schön erscheint, seinem Namen Dauer zu geben, so müßte es folglich schimpflich genannt werden, ihn nicht auszubreiten. Aber wenn, wie ich kurz vorher erörtert habe, es viele Völker gibt, zu denen der Ruf eines einzelnen Menschen nicht dringen kann, so ergibt sich daraus, daß der, den du für ruhmvoll hältst, für den größten Teil der Länder ruhmlos ist. Die Volksgunst endlich halte ich nicht einmal der Erwähnung wert, die weder aus richtigem Urteil herrührt, noch jemals lange dauert. Und wer sieht nicht, wie leer, wie nichtig der Name des Adels ist. Wenn er zum Glanz gerechnet wird, so ist es ein ihm fremder; denn der Adel erscheint als ein gewisser Ruhm, der aus den Verdiensten der Vorfahren herrührt. Wenn also dies Lob Glanz verbreitet, so müssen die glänzen, die gepriesen werden, weil fremder Glanz, wenn du keinen eigenen besitzest, dich nicht strahlen läßt. Wenn also im Adel ein Gut liegt, so meine ich, ist das einzige, daß dem Adligen die Notwendigkeit auferlegt erscheint, nicht von der Tugend der Vorfahren zu entarten.

VI Alle Geschlechter der Sterblichen hier wachsen aus ähnlicher Wurzel;
Denn ein einziger Vater ist, einer leitet das Weltall.
Seine Sichel gab er dem Mond, gab der Sonne die Strahlen,

Menschen gab er das irdische Reich wie dem Himmel die
Sterne.
In die Glieder verschloß er den Geist, der in die Höhe
hinaufstrebt.
Also erschuf er die Sterblichen gleich, alle aus edelem Keime.
Lärmt ihr von Ahnen, von Herkunft! Schaut auf euer erstes
Entstehen,
Auf zu Gott dem Erzeuger, er hat niemand unedel gebildet;
Nur wer durch Laster das Schlechtere nährt, trennt sich selber
vom Ursprung,

VII Was soll ich nun von den Gelüsten des Körpers sagen? Das Begehren ist voll Angst, die Sättigung voll Reue. Wieviel Krankheiten, wie unerträgliche Schmerzen pflegen sie gewissermaßen als Frucht ihrer Nichtsnutzigkeit dem Körper der Genießer zu bringen. Was ihre Erregung Angenehmes haben soll, weiß ich nicht, daß aber der Ausgang der Lust traurig ist, wird jeder einsehen, der sich an seine Begierden erinnern will. Wenn sie Glück entfalten könnten, so ist kein Grund, nicht auch das Vieh für glückselig zu halten, dessen ganze Absicht dahin geht, eine körperliche Leere auszufüllen. Gewiß achtungsvoll würde die Freude an Frau und Kindern sein. Doch nur zu sehr aus der Natur heraus wurde, ich weiß nicht von wem, gesagt, daß ein Quälgeist Söhne erfunden habe. Wie bitter eines Solchen Lage sein kann, daran muß ich dich freilich erinnern, da du es weder früher erprobt hast, noch jetzt dich darum ängstigen brauchst. Hierin aber billige ich den Ausspruch meines Euripides, der Kinderlose durch Unglück glücklich nennt.

VII Dies hat an sich das Vergnügen:
Der Genuß birgt nur den Stachel,
Wie der Schwarm der Bienen gibt es
Süßen Honig, dann beflügelt
Flieht's und läßt den Widerhaken
Und die Wünsche nur im Herzen.

VIII Es unterliegt also keinem Zweifel, daß diese Wege zum Glück Abwege sind, daß sie niemanden dahin zu führen vermögen, wohin sie ihn zu führen versprechen. Mit wieviel Übel sie aber verwickelt sind, will ich aufs kürzeste zeigen. Denn wie? Willst du versuchen Geld zusammenzuraffen? Du mußt es dem, der es hat, entreißen. Willst du von Würden glänzen? Du wirst dem Geber schmeicheln, und während du allen andern an Ehren voranzugehen begehrst, wirst du durch die Erniedrigung der Bewerbung gemein. Du wünschest Macht? Den Nachstellungen der Unterworfenen preisgegeben, wirst du Gefahren unterworfen. Du willst nach Ruhm streben? Aber auf rauhem Wege hin und her gezerrt, hörst du auf sicher zu sein. Willst du ein Leben des Genusses führen? Wer sollte es nicht verschmähen und abweisen, sich zu Sklaven des gemeinsten und gebrechlichsten Dinges, des Körpers, zu machen? Und die sich mit Gütern ihres Körpers spreizen, auf einen wie geringen, wie gebrechlichen Besitz stützen sie sich! Könnt ihr etwa Elefanten an Masse, Stiere an Kraft übertreffen, etwa Tiger an Schnelligkeit? Blickt auf die Ausdehnung, die Geschwindigkeit, die Festigkeit des Himmels und hört dann auf, Gemeines zu bewundern. Und auch der Himmel ist nicht deshalb zu bewundern, sondern vielmehr wegen der Vernunft, durch die er gelenkt wird. Der Glanz der

Gestalt, wie verfallend, wie flüchtig ist er, veränderlicher und rascher welkend als Frühlingsblumen. Wenn die Menschen, wie Aristoteles sagt, sich der Augen des Lynceus bedienen könnten, so daß ihr Blick durch alle Widerstände dränge, würde dann nicht, wenn man die Eingeweide schaute, auch der auf der Oberfläche schönste Körper, der eines Alcibiades, höchst häßlich erscheinen? Also läßt dich nicht deine Natur, sondern die Schwäche der schauenden Augen schön erscheinen. Aber schätzet nur so hoch ihr wollt die Güter des Körpers, wenn ihr nur wißt, daß alles dieses, was ihr bewundert, die Hitze eines dreitägigen Fiebers auflösen kann. Aus alle dem dürfen wir die Summe ziehen: alles, was weder die versprochenen Güter bieten können, noch durch die Vereinigung aller Güter vollkommen ist, führt weder als Weg zur Glückseligkeit, noch macht es selbst Glückliche.

VIII

Weh euch! Unwissenheit führt euch beklagenswert
 Auf falschem Wege weit vom Ziel.
Nicht sucht Gold im Gezweig grünender Bäume ihr,
 Nicht auf der Rebe Edelstein,
Nicht auf hohem Gebirg werft ihr die Netze aus
 Nach Fischen, eurer Tafel Schmuck;
Und verfolgt ihr die Spur flüchtiger Gemsen Schar,
 So steigt ihr nicht zum Seegestad'
Selbst das kennen sie wohl, was mit den Fluten deckt
 Des Meeres dunkelstes Versteck,
Wo die Woge im Schoß schimmernde Perlen birgt,
 Woher der rote Purpur stammt.
Auch das Meeresgestad' kennt ihr, wo zarter Fisch
 Und wo der rauhe Seestern wohnt.

Wo das Gut sich verbirgt, das ihr doch alle sucht,
    Das ist euch Blinden unbekannt.
Was dem Sternengezelt jenseits verborgen schwebt,
    Gesenkt zur Erde sucht's der Blick.
Was erwünsche ich jetzt wohl für den dumpfen Geist?
    Nach Schätzen, Ehren geizt er nur,
Doch wenn schwer ihn bedrückt lastend das falsche Gut,
    Dann möge er das wahre schaun.

IX Es mag nun ausreichen, bis hierher die Gestalt der lügnerischen Glückseligkeit gezeigt zu haben, und wenn du sie scharf betrachtest, so kannst du auch die wahre Reihenfolge sehen. – Jawohl, sprach ich, ich sehe, daß Genügen weder aus Reichtum, noch Macht aus Herrschaft, noch Ehrwürdigkeit aus Würden, noch Glanz aus Ruhm, noch Freude aus Wollust herrühren kann. – Aber hast du auch die Gründe, warum dies so ist, entdeckt? – Mir scheint es, als ob ich sie wie durch einen schmalen Spalt schaue, aber ich will sie lieber von dir offener erfahren. – Und doch liegt der Grund auf der Hand. Was nämlich einfach und von Natur ungeteilt ist, das trennt der menschliche Irrtum und führt es vom Wahren und Vollkommenen hinüber zum Falschen und Unvollkommenen. Oder glaubst du, daß jemand, dem nichts mangelt, der Macht entbehre? – Keineswegs. – Richtig, denn wenn ein Vermögen irgendwo schwächer ist, so daß es Schutz bedarf, so bedarf es auch eines andern. – So ist es, sagte ich. – Also ist die Natur des Selbstgenügens und der Macht ein und dieselbe? – So scheint es. – Hältst du nun das, was so beschaffen ist, für verächtlich, oder im Gegenteil für das Ehrwürdigste von allem? – Daran läßt sich wohl nicht zweifeln. – Fügen wir also dem

Selbstgenügen und der Macht die Ehrwürdigkeit hinzu, um zu beweisen, daß diese drei eines sind. – Fügen wir sie hinzu, wenn wir die Wahrheit bekennen wollen. – Wie also? Erachtest du, daß dies dunkel und unansehnlich sei, oder von allem Glanz verklärt? Erwäge aber, daß das, was zugestandener Weise nichts weiter bedarf, was das Mächtigste, der Ehren Würdigste ist, wenn es des Glanzes entbehrte, den es sich selber nicht gewähren könnte, nach einer Seite hin erniedrigt schiene. – Ich muß, sprach ich, bekennen, daß dies, so wie es ist, auch das Glänzendste sein muß. – Also müssen wir Folgendes richtigstellen, daß der Glanz sich von den oben genannten drei Eigenschaften nicht unterscheidet. – Das folgt daraus, sagte ich. Was also nichts Fremdes bedarf, was alles aus eigner Kraft vermag, was glänzend und ehrwürdig ist, ist das nicht jedenfalls auch das Freudigste? – Woher sich in ein solches irgend eine Trauer einschleichen sollte, kann ich nicht einmal ausdenken, deshalb ist es notwendig zu bekennen, wenn die Obersätze bleiben, daß es voll Freude sei. – Dann ist es auch ebenfalls nötig, daß zwar die Namen Genügen, Macht, Glanz, Ehrwürdigkeit, Freude verschieden sind, ihre Substanz sich aber auf keine Weise unterscheidet. – Notwendig, sagte ich. – Das also, was von Natur einfach und einheitlich ist, zertrennt die menschliche Verkehrheit, und während sie einen Teil eines unteilbaren Dinges zu erlangen sucht, erreicht sie nicht einmal einen Teil, den es nicht gibt, geschweige denn das Ganze selbst, nach dem sie ja auch am wenigsten strebt. – Wie das? fragte ich. – Wer, sagte sie, auf der Flucht vor Armut Reichtum sucht, kümmert sich nicht um Macht, lieber will er im Dunkel und erniedrigt sein, auch entzieht er sich viel natürliches Vergnügen, um nur nicht das Geld, das er erworben, zu verlieren. Aber auf diese

Art wird er kein Genügen finden, er, den die Kräfte verlassen, den Beschwerden stechen, den Erniedrigung verächtlich macht, den die Dunkelheit verbirgt. Wer aber nur Macht wünscht, verschwendet den Reichtum, blickt verächtlich auf das Vergnügen, schätzt sogar den Ruhm, der der Macht entbehrt, für nichts. Du siehst also, wieviel auch diesem fehlt. Denn so kommt es, daß er manchmal das Notwendige entbehrt, daß er von Angst gequält wird, und wenn er diese nicht vertreiben kann, aufhört das zu sein, was er am meisten begehrt, mächtig. Ähnlich darf man von Ehren, Ruhm und Vergnügen schließen; denn wenn auch von diesen jedes dasselbe ist wie das übrige, so erreicht der, welcher eines von ihnen erstrebt ohne die übrigen, nicht einmal das, was er wünscht. – Wie das? sagte ich. – Wenn jemand alles insgesamt und zugleich zu erlangen wünschen sollte, so würde er zwar die Summe der Glückseligkeit wollen, aber würde er sie in den Dingen finden, die, wie wir gezeigt haben, das nicht erfüllen können, was sie versprechen? – Keineswegs, sagte ich. – In diesen Dingen also, von welchen man glaubt, daß sie erstrebenswerte Güter bringen, ist die Glückseligkeit auf keine Weise auszuspüren. – Ich bekenne es, und nichts Wahreres als dies läßt sich sagen.

Du hast also, sprach sie, hiermit Gestalt und Ursache der falschen Glückseligkeit. Lenke nun das Schauen deines Geistes nach der entgegengesetzten Seite, denn dort wirst du, wie wir versprochen, sogleich die wahre sehen. – Das ist doch, sagte ich, auch einem Bünden durchsichtig, und du hast sie noch eben gezeigt, als du die Ursachen der falschen mir zu eröffnen suchtest. Denn wenn ich mich nicht täusche, ist das die wahre und vollkommene Glückseligkeit, die bewirkt, daß die Menschen selbstgenügend, mächtig, ehrwürdig, glänzend, fröhlich sind. Und auf daß du erkennst, daß ich es von ihnen begriffen habe, was eines von ihnen, denn sie sind ja alle eins und dasselbe, in Wahrheit leisten kann, ist die volle Glückseligkeit, dies erkenne ich eindeutig. – Ja, glücklich bist du, mein Schüler, in dieser deiner Meinung, wenn du noch etwas hinzufügst. – Was denn? fragte ich. – Glaubst du, daß in diesen sterblichen und hinfälligen Dingen etwas Hegt, was einen Zustand dieser Art veranlassen könnte? – Keineswegs, antwortete ich, ich meine, daß du es so gezeigt hat, daß nichts weiter zu wünschen übrig bleibt. – Dies also scheint den Sterblichen entweder Abbilder des wahren Guten oder unvollständige Güter zu geben, wahres und vollständiges Gut aber kann es nicht verleihen. – Ich stimme zu, sagte ich. – Da du also erkannt hast, was jene wahre Glückseligkeit ist und was eine falsche erlügt, bleibt uns nun übrig, daß du erkennst, woher du diese wahre holen kannst. – Das erwarte ich schon lange sehnsüchtig, sprach ich. – Aber da man, sagte sie, wie es unserm Plato im Timäus gefällt, auch bei der geringsten Angelegenheit den göttlichen Schutz anflehen soll, was glaubst du, daß nun zu tun sei, auf daß wir uns verdienen, den Sitz jenes höchsten Gutes zu finden? – Wir müssen den Vater aller Dinge anrufen, denn wenn wir ihn übergehen, dürfte kein Anfang recht gegründet sein. – Richtig sagte sie, und zugleich stimmte sie an:

IX Der du lenkest die Welt nach dauernden festen Gesetzen,
Schöpfer des Himmels, der Erden, der du von Ewigkeit wandeln
Hießest die Zeit, selbst nimmer bewegt, bewegend das Weltall!
Keine äußere Macht trieb dich aus wogenden Massen
Deine Schöpfung zu formen; in dir nur trägst du des höchsten
Guten Gestalt, des fleckenlosen. Das All vom Urbild

Leitest du her; die herrliche, Herrlichster selber,
Trägst du im Geiste, die Welt, nach deinem Bilde geschaffen,
Von der vollendeten löst dein Befehl vollkommene Teile.
Bindest mit Zahlen die Elemente, daß Hitze und Kälte,
Regen und Dürre ihr Maß einhalten; die reinere Flamme
Nicht emporflieh', die Last nicht abwärts zöge die Erde.
Aus der Mitte der Drei-Natur entläßt du die Seele,
Die das Weltall bewegt, hüllst sie in harmonische Glieder.
Wenn sie getrennt, ballt sie das Bewegte in zwiefache Kreise,
Kehrt sie wieder in sich zurück, umschreitet des Geistes
Tiefen sie und verwandelt nach ähnlichem Bilde den Himmel.
Auch den geringeren Wesen hast du abwägenden Sinnes
Seelen verliehn, und die Hohen, anpassend dem leichten Gefährte,
Säest du aus in Himmel und Erde; nach güt'gem Gesetze
Rufst du sie wieder dir zugewandt zurück von dem Feuer.
Vater, verleih seinem Geist, den himmlischen Sitz zu ersteigen,
Gib ihm zu schauen die Quelle des Guten, gib du ihm wieder
Licht des Geistes, daß er auf dich nur richte die Augen.
Scheuche die irdischen Nebel, zerstöre die wuchtenden Lasten.
Leuchte du auf mit deinem Glanz; denn du bist die Helle,
Du beseligende Ruh den Frommen, dich schauen ist Ende,
Ursprung, Führer, Erhalter und Weg und Grenze du selber.

X Da du nun gesehen, welches die Gestalt des vollkommenen und welches die des unvollkommenen Guten ist, glaube ich erörtern zu sollen, worin die vollendete Glückseligkeit besteht. Hierbei glaube ich zuerst untersuchen zu sollen, ob ein Gut derart, wie du es vorher bestimmt hast, in der Wirklichkeit bestehen kann, damit uns nicht ein Trugbild des Gedankens, das außerhalb der Wahrheit des gesetzten Gegenstandes liegt, täusche. Aber daß es existiert und gleichsam die Quelle aller Güter ist, läßt sich nicht leugnen. Denn alles, was unvollkommen genannt wird, das wird ja durch Verringerung eines Vollkommenen unvollkommen. Daher kommt es, daß wenn irgend etwas in irgend einer Gestalt unvollkommen scheint, es notwendig auf etwas Vollkommenes hinweist. Denn hebt man die Vollkommenheit auf, so läßt sich nicht einmal vorstellen, woher das, was man als unvollkommen bezeichnet, rühre; denn die Natur nimmt nicht ihren Ausgang vom Geringeren und Unvollkommenen, sondern vom Vollständigen und Unbedingten ausgehend, verfällt sie bis zum äußersten Kraftlosen. Wenn also, wie wir kurz zuvor gezeigt haben, es eine gewisse unvollkommene und gebrechliche Glückseligkeit des Guten gibt, so kann man nicht zweifeln, daß es eine feste und vollkommene gibt. – Das ist aufs sicherste und wahrste geschlossen, sagte ich. – Wo es nun wohnt sprach sie, betrachte so. Daß Gott, der Herr aller Dinge, gut ist, beweist die gemeinsame Vorstellung aller menschlichen Geister. Da sich nichts Besseres als Gott ausdenken läßt, wer möchte zweifeln, daß das gut sei, wovon es kein Besseres gibt? So zeigt Vernunft, daß Gott das wahre Gute ist, indem sie beweist, daß auch das vollkommene Gut in ihm enthalten ist. Denn wenn dem nicht so wäre, so könnte er nicht der Herr aller Dinge sein; es würde dann nämlich etwas, was die vollkommene Güte besitzt, vorzüglicher sein als er, und dies müßte dann als das Frühere und Ältere erscheinen; denn alles Vollendete ist ersichtlich früher als das minder Vollständige. Damit also die Vernunft nicht ins Unendliche fortgehe, muß man bekennen, daß der höchste Gott vollständig erfüllt sei vom höchsten und vollendeten Guten. Wir haben aber festgestellt, daß das vollendete Gute auch die wahre Glückseligkeit sei, also muß notwendig in dem höchsten Gott auch die wahre Glückseligkeit gelegen sein. – Ich nehme es an, sagte ich, es gibt nichts, worin man irgendwie widersprechen könnte. – Ich bitte aber, sagte sie, sieh zu, wie du es fest und unerschütterlich beweisen mögest, daß, wie wir gesagt, der höchste Gott ganz erfüllt sei vom höchsten Gut. – Wie? sagte ich. – Daß du mir nicht annehmest, daß er, der Vater aller Dinge, jenes höchste Gut, von dem er erfüllt vorgestellt wird, entweder von außen empfangen habe, oder nur so von Natur besitze, daß man gleichsam die Substanz des besitzenden Gottes und der besessenen Glückseligkeit als verschieden denken könnte. Denn wenn man meint, daß sie von außen empfangen sei, so könnte man das, was gegeben, als vorzüglicher ansehen als das, was empfangen hat. Aber wir bekennen geziemend, daß er vor allen der Hervorragendste sei. Wenn dies von Natur in ihm läge, aber der Vernunft nach von ihm verschieden wäre, wer könnte, wenn wir von Gott, dem Herrn der Schöpfung, reden, sich auch nur vorstellen, daß er solche Gegensätze vereinigen möchte? Endlich, was von einem beliebigen Ding verschieden ist, ist eben nicht das, wovon es als verschieden erkannt wird; deshalb ist das was vom höchsten Gut seiner Natur nach verschieden ist, nicht das höchste Gut, was unmöglich von dem zu denken ist, was als das Vorzüglichste feststeht. Überhaupt kann die Natur keines Dinges besser sein als ihr eigener Ursprung; was also der Ursprung von allem ist, das möchte ich mit dem wahrhaftesten Vernunftgrund als das höchste Gut seiner Substanz nach erschließen. – Durchaus richtig, sagte ich. – Daß aber das höchste Gut die Glückseligkeit sei, ist zugestanden? – Ja, sagte ich. – Also, sprach sie, ist notwendig zu erkennen, daß Gott die Glückseligkeit ist. – Ich kann den früheren Sätzen nicht widersprechen und sehe, daß aus ihnen sich diese Schlußfolgerung ableitet, sagte ich.

Beachte, ob nicht eben dasselbe von einer andern Seite sich noch fester beweisen läßt, nämlich, daß es zwei unter einander verschiedene höchste Güter nicht geben kann. Es erhellt nämlich, daß von Gütern, die von einander abweichen, das eine nicht sein kann, was das andre ist; deshalb kann keines von beiden vollkommen sein, wenn einem von beiden das andre fehlt; aber was nicht vollkommen ist, ist auch nicht das Höchste; also können die höchsten Güter auf keinerlei Weise von einander verschieden sein. Wir haben jedoch geschlossen, daß Glückseligkeit und Gott höchstes Gut sind, also muß die höchste Glückseligkeit auch dasselbe wie die höchste Gottheit sein. – Nichts, sagte ich, kann in der Tat wahrer, in der Vernunftableitung sicherer und Gottes würdiger erschlossen werden. – Überdies, sprach sie, wie die Mathematiker nach dem Beweis ihrer Lehrsätze etwas beibringen, was sie selber Porismata (Deduktion) nennen, so will auch ich dir gleichsam ein Corollarium (Zugabe) reichen. Da die Menschen nämlich durch Erlangen der Glückseligkeit glückselig werden, Glückseligkeit aber die Gottheit selber ist, so ist klar, daß sie durch Erlangen der Gottheit glückselig werden; so wie aber durch das Erlangen der Gerechtigkeit Gerechte, durch das der Weisheit Weise werden, so müssen aus gleichem Grunde die, die Gottheit erlangt haben, Götter werden. Jeder Glückselige also ist Gott, und zwar von Natur ein einziger; nichts aber steht im Wege, daß teilhaftig so viele wie möglich sind. – Das ist schön, sagte ich, das ist köstlich, magst du es nun Porisma oder Corollar nennen. – Und doch ist nichts schöner, als was die Vernunft hiermit zu verknüpfen uns überzeugt. – Was? sprach ich.

Da die Glückseligkeit offenbar vieles enthält, verbindet sich dann alles gleichsam zu einem Körper der Glückseligkeit bei einer gewissen Mannigfaltigkeit der Teile, oder gibt es etwas unter diesen, was die Substanz der Glückseligkeit ausmacht und worauf sich alles übrige bezieht? – Ich wünschte, sagte ich, daß du das durch eine Erörterung der Sache selbst klar machst. – Urteilten wir nicht, daß die Glückseligkeit ein Gut sei? – Und zwar das höchste, erwiderte ich. – Füge hinzu, sprach sie, das gilt für alle. Denn ebenso ist Genügen höchste Glückseligkeit, ebenso werden Macht, Ehre, Glanz, Vergnügen für höchste Glückseligkeit geachtet. – Was also nun? – Sind nun alle diese: Gut, Selbstgenügen, Macht und die übrigen gleichsam wie Glieder der Glückseligkeit oder bezieht sich alles auf das Gute, wie auf einen Schlußstein? – Ich verstehe zwar, sprach ich, was du zur Erörterung vorschlägst, aber ich wünsche zu hören, was du feststellst. – Vernimm die Entscheidung so: Wenn dies alles Glieder der Glückseligkeit wären, so würden sie auch untereinander abweichen. Denn dies ist die Natur der Teile, daß verschiedene einen Körper zusammensetzen. Gleichwohl ist doch gezeigt worden, daß alles dies ein und dasselbe ist, also sind sie keineswegs Glieder; sonst würde die Glückseligkeit einem Gliede verbunden erscheinen, was unmöglich ist. – Das ist unzweifelhaft, sprach ich, aber ich warte, was übrigbleibt. – Offenbar also bezieht sich nun alles übrige auf das Gute. Deshalb wird das Genügen erstrebt, weil es ja für das Gute gehalten wird, deshalb die Macht, weil sie auch für das Gute gehalten wird, dasselbe läßt sich von Ehrwürdigkeit, Glanz, Vergnügen schließen. Also ist die Summe und die Ursache alles Erstrebenswerten das Gute. Was aber weder der Sache noch der Ähnlichkeit nach irgend ein Gut in sich enthält, kann man auf keine

Weise erstreben. Andrerseits wird auch, was von Natur nicht gut ist, erstrebt, wenn es nur scheint, als ob es wahrhaftig gut sei. So kommt es, daß man mit Recht glaubt, daß die Güte Summe, Angelpunkt und Ursache alles Erstrebenswerten sei. Was um ihretwillen erstrebt wird, das scheint man am meisten zu wünschen. Gleichwie wenn jemand um der Gesundheit willen reiten will, er nicht sowohl die Bewegung des Reitens als die Wirkung der Gesundheit wünscht. Da alles des Guten wegen erstrebt wird, wird auch nichts mehr als das Gute von allen erwünscht. Aber daß es die Glückseligkeit sei, um deretwillen alles andre gewünscht wird, haben wir zugestanden; deshalb wird auch allein die Glückseligkeit gesucht, woraus klar erhellt, daß die Substanz der Glückseligkeit und des Guten ein und dasselbe ist. – Ich sehe nichts, worin dir irgend jemand widersprechen könnte. – Daß aber Gott und die wahre Glückseligkeit ein und dasselbe sind, haben wir gezeigt. – Ja, sprach ich. – Also dürfen wir unbesorgt schließen, daß auch die Substanz Gottes im Guten und nicht sonst wo gelegen ist.

X Kommt nun alle hierher, o kommt Gefangne,
Die euch trugvoll schließt in die schlimmen Ketten
Sie, die irdischen Sinn umfängt, Begierde.
Hier ist euch bereit eine Rast der Mühen,
Hier winkt lieblich für euch der stille Hafen,
Offen steht euch hier alles Elends Zuflucht.
Was von goldenem Sand der Tagus spendet,
Was vom roten Strand auch der Hermus mitführt,
Was der Indus, der nach der heißen Zone
Weiße Perlen mischt mit den Grün-Smaragden,

Wenn auch hell sie den Blick selbst Bünden machen,
Führen sie den Geist nur herab ins Dunkel;
All das, was euch gefallt, die Sinne aufreizt,
Nährt im innern Bauch sich der Erdenhöhlen.
Doch der Glanz, dessen Kraft die Himmel lenket,
Flieht die Finsternis, wo die Seelen stürzen.
Wer ins Auge vermag dies Licht zu fassen,
Wird den Lichtstrahl selbst noch der Sonne leugnen.

XI Ich stimme zu, sprach ich; denn alles ist durch festeste Gründe verknüpft. – Darauf jene: Wie hoch wirst du es erst schätzen, wenn du erkannt hast, was das Gute selbst ist. – Unendlich hoch, sagte ich, wenn es mir gelingt, Gott, der das Gute ist, zu erkennen. – Das werde ich dir ja durch die untrüglichste Begründung kund tun, nur muß dir, was wir eben erschlossen, fest bleiben. – Es wird bleiben. – Haben wir nicht, sprach sie, gezeigt, daß das, was die meisten erstreben, aus vielerlei und deshalb nicht aus wahren und vollkommenen Gütern besteht, da diese ja wechselweise von einander abweichen und da eines, dem das andre fehlt, ein volles und unbedingtes Gut nicht bringen kann? Daß aber das wahre Gute dann entstehe, wenn es sich gleichsam zu einer Form und Wirksamkeit sammle, so daß wo Genügen ist, auch zugleich Macht, Ehre, Glanz und Freude ist, daß sie nur dann unter das Erstrebenswerte gezählt werden sollten, wenn alles eins und dasselbe ist? – Es ist bewiesen, sagte ich, und kann auf keine Weise bezweifelt werden. – Was also, so lange es verschieden ist, keineswegs gut ist, sobald es aber eins zu werden beginnt, gut wird, wird das dann nicht gut durch das Ergreifen der Einheit? Trifft das nicht zu? – Ja, sprach ich, so scheint es. – Gibst du nun aber zu, daß alles, was gut ist, durch Teilhaben am Guten gut ist, oder nicht? – So ist es. – So mußt du auch gleicher Weise zugeben, daß das Eine und das Gute dasselbe sei. Die Substanz nämlich ist dieselbe bei Dingen, deren Wirkung von Natur nicht verschieden ist. – Das kann ich nicht leugnen, sagte ich. – Weißt du nun, daß alles, was ist, solange bleibt und besteht, als es eines ist, gleicher Weise aber untergeht und sich auflöst, sobald es aufhört eines zu sein? – Auf welche Weise? – Wie bei den Lebewesen, sagte sie; wenn Seele und Körper zu einem zusammenkommen und darin verharren, so heißt das ein Lebewesen. Wenn sich aber die Einheit durch Trennung beider löst, so ist klar, daß es untergehen und kein Lebewesen mehr sein kann. Auch der Körper selbst wird, solange er durch die Glieder in einer Form verharrt, als von menschlicher Art angesehen. Aber wenn die Teile des Körpers getrennt und gesondert die Einheit zerrissen haben, hört er auf zu sein, was er war. Wer auf diese Weise das übrige durchgeht, dem wird ohne Zweifel sich ergeben, daß ein jegliches besteht, solange es eine Einheit ist, wenn es dies zu sein aufhört, aber untergeht. – Je mehr ich das erwäge, scheint es mir keineswegs anders zu sein. – Gibt es nun etwas, fragte sie, das, soweit es naturgemäß handelt, den Trieb zum Bestehen aufgibt und zu Untergang und Zerfall zu gelangen wünscht?

Wenn ich die Lebewesen betrachte, sagte ich, die irgend eine natürliche Anlage zum Wollen und Nichtwollen besitzen, so finde ich nicht, daß sie ohne äußeren Zwang den Trieb zu beharren wegwerfen und sich freiwillig zum Untergang drängen. Denn jedes Lebewesen bemüht sich sein Heil zu wahren, Tod und Verderben aber zu vermeiden. Aber ich zweifle, ob ich für Kräuter und Bäume, ob ich überhaupt für die unbeseelten Dinge beistimmen kann. – Und doch brauchst du daran nicht zu zweifeln, da du siehst, wie Kräuter und Bäume erstens an dem für sie passenden Orten wachsen, wo sie, soweit es ihre Natur zuläßt, nicht rasch vertrocknen und verkommen können. Denn die einen wachsen in Feldern, andre auf Bergen, die stehen in Sümpfen, andre klammern sich an Felsen, dürrer Sand ist für diese der Nährboden, und wenn man sie an andre Plätze zu verpflanzen sucht, so verdorren sie. So gibt die Natur einem jeden, was ihm zuträglich ist, und sie bemüht sich, daß es nicht untergehe, solange es zu dauern vermag. Ziehen nicht alle Gewächse, als ob sie ihren Mund in die Erde gesenkt hätten, mit den Wurzeln ihre Nahrung und lassen sie durch Mark, Holz und Rinde aufsteigen? Ist nicht gerade das Weichste, das Mark, im Innern verborgen, stellt sich nicht weiter draußen das feste Holz, am äußersten Rande aber die Rinde wie eine dauerhafte Verteidigung gegen die Unbilden der Witterung dar? Wie groß ferner ist die Sorgsamkeit der Natur, daß sich alles durch vervielfältigten Samen fortpflanze. Wer wüßte nicht, daß dies wie eine Maschine ist, die nicht nur zur Erhaltung für einige Zeit, sondern auch zur Erhaltung der Gattung auf die Dauer wirkt. Wünschen aber nicht sogar die Dinge, die für unbelebt gehalten werden, gleicher Weise jedes das seine? Warum trägt die Flamme ihre Leichtigkeit aufwärts, drückt die Erde ihr Gewicht abwärts, wenn nicht einem jeden dieser Platz, diese Bewegung angemessen wäre? Ferner was mit einem jeden übereinstimmt, das erhält es auch aufrecht, ebenso wie das, was ihm feindlich ist, es zerstört. Was hart ist wie Stein, das hängt mit seinen Teilen zähe zusammen und widersteht einer leichten Auflösung. Was aber flüssig ist wie Luft und Wasser, gibt leicht der Teilung nach, aber gleitet auch wiederum leicht in das, wovon es getrennt wurde, zurück; das Feuer aber widersteht jeder Trennung. Jetzt aber handeln wir nicht von der freiwilligen Bewegung der erkennenden Seele, sondern von der Absicht der Natur. Dahin gehört, daß man die aufgenommene Speise verdaut, ohne daran zu denken, im Schlafe ohne Bewußtsein atmet, denn die Liebe zum Beharren rührt bei den Lebewesen nicht aus den Willensregungen der Seele, sondern aus den Grundsätzen der Natur her. Denn der Wille heißt oft aus zwingenden Gründen den Tod willkommen, vor dem die Natur zurückschaudert, hingegen zügelt bisweilen der Wille das, wodurch allein die Dauer sterblicher Dinge währt, die Zeugung, die die Natur immer begehrt. So sehr geht die Liebe zu sich selbst nicht aus seelischer Bewegung, sondern aus der Absicht der Natur hervor. Denn die Vorsehung hat den von ihr geschaffenen Dingen diese oberste Ursache zum Beharren gegeben, daß sie, soweit sie es können, zu beharren begehren, daher ist keinerlei Grund zum Zweifel gegeben, daß alles was ist, von der Natur die Beständigkeit im Beharren erstrebt und die Vernichtung vermeidet.

Ich bekenne, sagte ich, daß ich jetzt unbezweifelt durchschaue, was mir erst ungewiß schien. – Was aber, sprach sie, zu bestehn und zu beharren begehrt, das wünscht auch eine Einheit zu sein; denn wenn sie aufgehoben ist, kann nichts ausdauern. – Das ist wahr, sagte ich. – Alles also wünscht die Einheit? – Ich habe zugestimmt. – Aber daß die Einheit dasselbe ist wie das Gute, haben wir gezeigt. – Ja. – Alles also strebt nach dem Guten, was man auch so umschreiben kann, es muß das Gute sein, was von allen begehrt wird. – Nicht wahrer läßt es sich ausdenken, sagte ich, denn entweder wird sich alles auf ein Nichts beziehn und gleichsam des einigenden Gipfels beraubt ohne Lenker hin und her fluten, oder wenn es etwas gibt, wohin die Gesamtheit drängt, so wird es das höchste aller Güter sein. – Und jene sprach: Ich freue mich gar sehr, mein Zögling, denn du hast deinem Geist das Kennzeichen des Kernes der Wahrheit eingeprägt. Aber hierin wurde dir offenbar, was du noch vor kurzem nicht zu wissen behauptetest. – Was? fragte ich. – Was das Endziel aller Dinge sei. Denn wahrhaftig es ist das, was von allen gewünscht wird, und weil wir geschlossen haben, daß es das Gute ist, müssen wir auch bekennen, daß das Gute das Ziel aller Dinge ist.

XI Wer tiefen Sinnes auf der Wahrheit Spuren geht,
Wer nie vom falschen Wege sich verführen läßt,
Der wende zu dem eignen innern Licht den Blick,
Den weiten Bogen beugend schließe er den Kreis;
Er lehre seinem Geist: was draußen er gesucht,
Besitzt er längst beschlossen in ureignem Schatz;
Was ihm des Irrtums schwarze Wolke lang verdeckt,
Durchflutet ihn noch heller als der Sonne Strahl.
Nicht alles Licht entschwand dem Geist, als in die Last
Des Leibes, des vergessenbringenden er fuhr;
In seinem Innern schläft der Wahrheit Samenkorn,
Und von der Lehre angefacht, sprießt es hervor.
Wie gäbt, befragt, ihr rechte Antwort aus euch selbst,
Wenn nicht der Funke lebte, tief ins Herz gesenkt?
Drum wenn des Plato Muse echte Wahrheit singt,
Erinnert jeder unbewußt sich, was er lernt.

XII Darauf sagte ich: Plato stimme ich nachdrücklich zu; denn hieran erinnerst du mich schon zum zweiten Male, zuerst als ich durch den verderblichen Einfluß des Körpers, dann von der Last des Kummers niedergedrückt, die Erinnerung verloren hatte. – Darauf sprach jene: Wenn du auf schon früher Zugestandenes zurückblickst, wird es dir auch nicht fern Hegen, dich zu erinnern, was du damals nicht zu wissen bekanntest. – Was? sagte ich. – Von welchem Steuer, sagte sie, die Welt gelenkt wird. – Ich erinnere mich, erwiderte ich, daß ich meine Unwissenheit bekannt habe, aber wenn ich auch voraussehe, was du anführen willst, so wünsche ich doch es ausführlicher von dir zu hören. – Daß diese Welt, sprach sie, von Gott gelenkt werde, hieltest du noch vor kurzem für unzweifelhaft. – Ich halte es auch noch jetzt dafür und werde es niemals für bezweifelbar halten, und ich will kurz auseinandersetzen, aus welchen Gründen ich zu dieser Ansicht komme. Diese Welt wäre nimmermehr aus verschiedenen und entgegengesetzten Teilen zu einer Gestalt gelangt, wenn nicht Einer wäre, der so Verschiedenes verbände. Auch verbunden würde die Verschiedenheit der Naturen selbst in wechselseitiger Zwietracht alles zertrennen und zerreißen, wenn nicht Einer wäre, der zusammenhielte, was er verknüpft hat. Denn nicht könnte eine so sichere Ordnung der Natur hervorgehen, und nicht würden jene so wohlgegliederte Bewegungen nach Ort, Zeit, Wirkung, Raum, Eigenschaft entwikkeln, wenn nicht Einer wäre, der diese Mannigfaltigkeiten der Verbindungen selbst bleibend anordnete. Was es auch sei, wodurch die Schöpfung dauert und sich bewegt, ich nenne es mit dem allgebräuchlichen Namen: Gott.

Darauf jene: Wenn du dies so bestimmt fühlst, glaube ich bleibt mir nur noch geringe Mühe, daß du der Glückseligkeit teilhaftig dein Vaterland wohlbehalten wiedersiehst. Aber laß uns betrachten, was wir behauptet haben.

Haben wir nicht zur Glückseligkeit das Selbstgenügen gerechnet und sind wir nicht übereingekommen, daß Gott die Glückseligkeit selber sei? – Ja, sprach ich. – Und zur Lenkung der Welt, sagte sie, wird er keine Stütze von außen her bedürfen, sonst würde er, wenn er sie daher bedarf, kein volles Selbstgenügen besitzen. – Das ist notwendig so, sagte ich. – Also ordnet er alles von sich allein aus? – Das läßt sich nicht leugnen, sagte ich. – Doch Gott ist als das Gute selbst erwiesen worden. – Ich erinnere mich, sagte ich. – Also ordnet er alles durch das Gute, wenn er nämlich durch sich alles lenkt und wir übereinstimmen, daß er das Gute sei, und er ist wie Steuer und Ruder, durch die die Weltmaschine fest und unverrückt erhalten wird. – Ich stimme dir mit voller Kraft bei, sagte ich, und ich habe schon eben, freilich nur mit schwacher Vermutung, vorausgesehen, daß du das sagen würdest. – Ich glaube es, sprach sie; denn ich meine, du richtest die Augen schon wachsamer auf das Unterscheiden der Wahrheit; aber was ich jetzt sagen will, Hegt deinem Blick nicht weniger offen. – Was? sagte ich. – Wenn Gott, sprach sie, alles, wie man mit Recht glaubt, durch das Steuerruder der Güte lenkt, und wenn, wie ich es gelehrt habe, ebenso alles aus natürlichem Trieb zum Guten eilt, kann man dann zweifeln, daß auch das Freiwillige gelenkt werde, und daß auch dieses sich zu dem Winke des Ordners sich gleichsam passend und abgestimmt dem Lenker freiwillig zuwende? – Ja, sagte ich, so ist es nötig, und es würde keine glückselige Herrschaft scheinen, wenn sie ein Joch für Widerstrebende wäre und nicht das Heil für Gehorchende. – Also gibt es nichts, was, wenn es seine Natur bewahrt, Gott zuwider zu sein versuchte? – Nichts, sagte ich. – Wenn es dies versuchte, sprach sie, würde es dann irgend etwas gegen den erreichen, der, wie wir zugegeben haben, nach dem Rechte der Glückseligkeit der Mächtigste ist? – Es würde ganz und gar nichts vermögen, sagte ich. – Also gibt es nichts, was dem höchsten Gute widerstehen könnte oder wollte? – Ich glaube nicht, sprach ich. – Es ist also das höchste Gute, was alles kräftig lenkt und sanft ordnet. – Darauf ich: Wie mich nicht nur der Schlußerfolg deiner Gründe, sondern noch weit mehr die Worte selbst, die du gebrauchst, ergötzen, daß doch endlich die Dummheit, die das Große zerreißt, sich ihrer selbst schäme.

Du hast in den Fabeln vernommen, wie die Giganten den Himmel herausforderten, aber auch sie hat nach Verdienst die gütige Gewalt hierzu geordnet. Aber willst du, daß wir die Gründe für und wider aufeinander prallen lassen? Vielleicht mag aus solchem Streit ein schöner Funke der Wahrheit hervorspringen. – Nach deinem Gutdünken, sprach ich. – Niemand, sagte sie, wird zweifeln, daß Gott allmächtig ist. – Wer wenigstens, sagte ich, über seinen Verstand verfügt, wird daran keineswegs zweifeln. – Und für den wirklich allmächtigen, sagte sie, gibt es nichts, was er nicht könnte. – Nichts, sagte ich. – Kann also Gott das Böse tun? – Keineswegs, sagte ich. – Das Böse ist also nichts, wenn der es nicht tun kann, der nichts nicht kann. – Du, spielst mit mir, sagte ich, indem du ein unentwirrbares Labyrinth von Begründungen webst, indem du jetzt eingehst, wo du ausgehen solltest, und ausgehst, wo du eingehen solltest, oder flichtst du einen wunderbaren Kreis göttlicher Einfalt? Denn kurz zuvor sagtest du, ausgehend von der Glückseligkeit, sie sei das höchste Gut, und sprachst von ihr, daß sie im höchsten Gott gelegen sei. Auch erörtertest du, daß Gott selbst das höchste Gut und die volle Glückseligkeit sei, und daraus gabst du mir wie ein kleines Geschenk, daß niemand glückselig sein könnte, als wer in gleicher Weise Gott sei. Wiederum sprachst du, daß die Form des Guten die Substanz Gottes und der Glückseligkeit sei und die Einheit selber, und du bewiesest, daß diese selbst das Gute sei, das von der ganzen Natur erstrebt werde. Auch erörtertest du, daß Gott durch das Steuer der Güte die Gesamtwelt lenke, daß alles zugleich freiwillig gehorche, daß es keine Bösen von Natur aus gäbe. Und das alles entwickeltest du nicht mit Gründen von außen her geholt, sondern indem einer vom andern seine Glaubwürdigkeit ableitete durch ihm eingeborene und ureigene Beweise. – Darauf sagte jene: Keineswegs spielen wir, wir haben mit der Hilfe Gottes, die wir zuerst erflehten, die größte von allen Aufgaben vollbracht. Denn das ist die Form der göttlichen Substanz, daß sie weder in die Außenwelt zerfließt, noch in sich selbst etwas von der Außenwelt aufnimmt, sondern wie Parmenides von ihr sagt »Von allen Seiten gleich der wohlgerundeten Kugel« den beweglichen Kreis der Dinge rollt, während sie selbst unbeweglich verharrt. Wenn wir also die Gründe, die nicht von außen geholt, sondern im Umfang des behandelten Gegenstandes selbst gelegen sind, behandelt haben, so ist kein Grund zur Verwunderung vorhanden, wenn du lernst, wie Plato bekräftigt, daß die Reden mit den Dingen, von denen sie handeln, verwandt sein müssen.

XII

Glücklich er, der den lichten Quell
Alles Guten zu schaun vermag.
Glücklich er, der der Fesseln Last,
Die zur Erde ihn ketten, sprengt.
Nach dem Tode der Gattin irrt
Thrakiens Sänger voll Schmerz umher,

Seines klagenden Liedes Zwang
Folgt der Wald, und der wilde Strom
Hält erstarrend die Welle auf;
Mutig legt sich das scheue Reh
An die Seite des wilden Leu;
Nicht mehr fürchtet das Wild den Hund,
Der vom Sange besänftigt ist.
Doch nur flammender sengt die Glut
Ihm die Brust und sein innres Mark;
Alles beugt sich vor seinem Lied,
Nur den Sänger beschwichtet's nicht,
Unhold schilt er die droben, steigt
Nieder dann zu der Unterwelt.
Schmeichelweisen entlockt auch hier
Seinen Saiten der Muse Sohn,
Was sein Lied aus der Quelle schöpft,
Die die göttliche Mutter füllt,
Was die Trauer voll Leidenschaft,
Was die Liebe voll Klage seufzt,
Das, bewegend den Tartarus,
Fleht um Gnade sein holder Sang
Bei den Herren der Schattenwelt.
Staunend über den neuen Sang
Ist gefangen der Wächterhund;
Nicht verfolgen den Schuldigen
Rächerinnen der Freveltat,
Fluchesgöttinnen weinen still.
Inne hält das geflügelte Rad,
Nicht zerschmetternd Ixions Haupt;
Tantalus, sonst vom Durst geplagt,
Wendet sich von dem Flusse ab,
Und der Geier, des Liedes voll,

Läßt von Tityus' Leber ab.
»Und so sind wir besiegt«, es spricht
Mitleid fühlend der Schatten Herr,
»Nehme, durch den Gesang erkauft,
Seine Gattin der Gatte hin.
Aber höre ein streng Gebot,
Eh du trittst aus der Hölle Recht,
Wende nimmer den Blick zurück!«
Was gilt Liebenden ein Gesetz?
Liebe ist sich höchstes Gesetz.
Wehe! Noch ehe die Nacht sich grenzt
Sucht Eurydicen Orpheus' Blick,
Sucht, verliert sie, vernichtet.
Diese Fabel sie gut für euch,
Die ihr aufwärts zum höchsten Tag
Euern Geist zu erheben strebt.
Wer zur Höhle des Tartarus
Seine Blicke hinunter beugt,
Was er Köstliches mit sich führt,
Schwindet, sieht er die Schattenwelt.

VIERTES BUCH

I Als dies die Philosophie, die Würde des Antlitzes und den Ernst des Ausdrucks wahrend, sanft und hold gesungen hatte, unterbrach ich, der ich noch nicht den tief wurzelnden Kummer vergaß, ihre Absicht, noch etwas hinzuzufügen. O, rief ich, du Bahnbrecherin wahren Lichtes, alles was deine Rede bisher ausgoß, ist mir offenbar und sowohl durch die Betrachtung an sich göttlich, als auch durch deine Gründe unbesiegbar; und wenn ich es auch kürzlich aus Schmerz über das Unrecht vergessen hatte, so hast du mir doch Dinge, die mir früher nicht völlig unbekannt waren, gesagt. Aber das eben ist die höchste Ursache unseres Kummers, daß, während doch ein guter Lenker der Welt existiert, das Böse überhaupt sein kann oder doch unbestraft hingeht. Wie sehr man schon hierüber sich verwundern muß, das siehst du doch selbst. Aber hiermit verbindet sich noch etwas Wichtigeres. Denn während die Schlechtigkeit herrscht und blüht, entbehrt die Tugend nicht nur der Belohnung, sondern wird auch von den Frevlern mit Füßen getreten, und sie büßt an Stelle jener Untaten mit dem Tode. Daß dies im Reiche des allmächtigen und allwissenden, und nur das Gute wollenden Gottes geschieht, darüber kann niemand sich genug wundern und beklagen. – Darauf sprach jene: Ja, es wäre Anlaß zu unbegrenztem Erstaunen, es wäre schauderhafter als jedes Ungeheuer, wenn, wie du meinst, in eines Familienvaters wohlgeordnetem Hause die schlechten Gefäße gepflegt, die kostbaren beschmutzt würden; aber so ist es nicht. Denn wenn wir das, was soeben erschlossen wurde, unerschütterlich festhalten, dann wirst du mit Hilfe dessen, über dessen Reich wir jetzt reden werden, erkennen, daß die Guten immer die Mächtigen, die Schlechten aber immer die Verworfenen und Schwachen sind, daß niemals die

Laster ohne Strafen, die Tugenden ohne Lohn bleiben, daß den Guten immer das Glück, den Schlechten das Unglück zuteil wird, und noch vieles derart, was deine Klagen beschwichtigen und dich mit gediegener Festigkeit stärken möge. Und da du ja schon die Gestalt der wahren Glückseligkeit, wie ich sie erst zeigte, gesehen und worin sie gelegen erkannt hast, so will ich jetzt, nachdem du alles, was ich vorauszuschicken für nötig hielt, durchlaufen, dir den Weg zeigen, der dich in die Heimat zurückführen soll. Auch will ich deinem Geist Fittiche, auf denen er sich in die Höhe zu schwingen vermöchte, leihen, auf daß du, nachdem nun deine Geistesverwirrung vertrieben ist, heil ins Vaterland unter meiner Führung, auf meinem Pfade, mit meinem Gefährt zurückkehrst.

I

Flüchtige Schwingen sind mir zu eigen,
Sie tragen mich zum höchsten Pol;
Wenn sich der Geist mit ihnen umgürtet,
Läßt er die Erde hier voll Haß,
Dringt durch der Lüfte unmeßbare Zonen,
Bis er die Wolken rücklings sieht,
Taucht dann auf aus dem Wirbel des Feuers,
Der durch den Schwung des Äthers glüht;
Schwebt er dann auf zu den Sternenhäusern,
Gesellt er sich des Phöbus Bahn,
Trifft dann des kalten Saturnus Wege,
Den Rittersmann des roten Mars.
Was immer schmückt die funkelnden Nächte,
Durchwandelt er im Sternenkreis.
Aber ist er gesättigt vom Schauen,
Läßt er den fernsten Pol zurück,

Ruht auf dem Rücken des schnellen Äthers,
Genießt des hehren ewigen Lichts.
Dort trägt das Szepter der Könige Herrscher
Und hält den Weltenkreis im Zaum,
Standhaft lenkt den geflügelten Wagen
Des Weltalls richterlicher Glanz.
Ziehst du, ein Heimgekehrter, des Weges,
– Jetzt suchst du ihn nur unbewußt –
Sprichst dann: Wieder erkenn ich die Heimat,
Hier stamm ich her, hier steh' mein Fuß.
Aber verlockt es dich niederzuschauen
Zur Nacht der Erde, die du flohst,
Siehst du heimlos die finstern Tyrannen,
Die armer Völker Schrecken sind.

II Darauf sprach ich: Ha! Wie du doch Großes versprichst. Und ich zweifle nicht, daß du es vollbringen kannst; mögest du mir nichts vorbehalten, was du so hervorgerufen hast. – Zuerst also, sprach sie, magst du erkennen, daß bei den Guten immer Macht ist, die Schlechten von aller Kraft verlassen sind. Das eine folgt schon aus dem andern. Denn da schlecht und gut Gegensätze sind, so folgt die Schwäche des Schlechten, sobald feststeht, daß das Gute das Mächtige ist; und wenn die Gebrechlichkeit des Schlechten erhellt, so ist damit die Festigkeit des Guten klar. Aber damit die Zuverlässigkeit unseres Satzes noch reichlicher begründet sei, so will ich auf beiden Wegen vorgehn und bald von dieser, bald von jener Seite meine Behauptung bekräftigen. Auf zweierlei beruht alle Wirkung menschlicher Handlungen, auf Wille und Macht, wenn eins von beiden fehlt, kann sich nichts entfalten. Fehlt der Wille, so tritt der Mensch nicht einmal an das heran, was er nicht will, fehlt das Vermögen, so ist der Wille umsonst. Daher rührt es, wenn du jemand willens siehst etwas zu verlangen, was er nicht erlangt, so kannst du nicht zweifeln, daß ihm die Kraft fehlt das Gewollte zu erlangen. – Das ist einleuchtend, sagte ich, und kann auf keine Weise geleugnet werden. – Wenn du aber jemand ausführen siehst, was er gewollt, wirst du zweifeln, daß er es auch gekonnt habe? – Keineswegs. – Was aber einer kann, darin ist er für stark, was er nicht kann, darin ist er für schwach zu halten. – Ich gebe es zu, sagte ich. – Erinnerst du dich also, daß nach früheren Beweisen erschlossen ist, daß alle Absicht des menschlichen Willens, die sich in verschiedenen Bestrebungen äußert, nur nach Glückseligkeit hindrängt? – Ich erinnere mich, sprach ich, es ist bewiesen worden. – Erinnerst du dich, daß die Glückseligkeit das Gute selber ist, und daß auf solche Weise alle das Gute ersehnen, wenn sie nach Glückseligkeit streben? – Daran brauche ich mich nicht zu erinnern, das halte ich im Gedächtnis fest eingeprägt. – Alle Menschen also, sprach sie, gleichmäßig Gute und Böse, trachten in ununterschiedener Absicht zum Guten zu gelangen? – So ist es folgerichtig, sprach ich. – Gewiß ist aber, daß sie durch Erlangen des Guten gutwerden? – Gewiß. – Also erlangen die Guten, was sie erstreben? – So scheint es. – Und die Schlechten könnten nicht schlecht sein, wenn sie das Gute, was sie erstreben, erlangten. – So ist es. – Da also beide nach dem Guten streben, aber nur die Guten es erlangen, jene nicht, so ist es nicht zweifelhaft, daß die Guten mächtig sind, die Bösen aber schwach. – Wer da zweifelt, sprach ich, kann weder das Wesen der Dinge noch die Folgerichtigkeit der Schlüsse beurteilen.

Wiederum, sprach sie, wenn zwei denselben der Natur gemäßen Vorsatz haben und der eine ihn auf natürlichem Wege verfolgt und erreicht, der andere ihn auf einem der Natur entsprechenden Wege keineswegs zu erfüllen sucht, sondern die Erfüllung seines Vorsatzes nur nachahmt, welchem von diesen beiden sprichst du die höhere Kraft zu? – Ich vermute zwar, was du willst, wünsche aber, es noch ausführlicher zu hören. – Du wirst nicht leugnen, daß die Bewegung des Gehens den Menschen naturgemäß ist? – Durchaus nicht. – Und zweifelst du, daß dies die natürliche Aufgabe der Füße ist? – Auch das nicht, sagte ich. – Wenn also Jemand, der auf den Füßen zu stehen vermag, geht, und ein anderer, dem dieser natürliche Dienst der Füße fehlt, sich auf die Hände stützend zu gehen versucht, wer von ihnen kann mit Recht für stärker gehalten werden? – Vollende, sprach ich, das Weitere; denn daß der, der des natürlichen Dienstes mächtig ist, stärker ist als der, welcher dies nicht vermag, bezweifelt niemand. – Aber das höchste Gut, das gleichmäßig das Ziel der Guten und Bösen ist, erstreben die Guten auf dem naturgemäßen Wege der Tugenden, die Schlechten suchen durch mannigfache Begierden das zu erlangen, was der natürliche Weg zum Guten nicht ist. Oder glaubst du anders? – Keineswegs, sagte ich, denn auch die Folgerung ergibt sich aus dem, was ich zugestanden hatte, daß die Guten notwendig stark, die Schlechten schwach sind.

Ganz richtig, sagte sie, eilst du voran, und das ist, wie die Ärzte zu hoffen pflegen, ein Zeichen, daß sich die Natur wieder aufrichten und Widerstand leisten werde. Aber da ich dich zum Verständnis ganz bereit finde, will ich noch mehr Gründe zusammenhäufen. Siehe zu, wie sehr die Schwäche lasterhafter Menschen offen liegt, da sie nicht einmal dazu gelangen können, wozu sie der natürliche Hang führt und beinahe treibt. Und wie, wenn sie nun von dieser so großen, kaum zu besiegenden Hilfe der Weg weisenden Natur verlassen würden? Erwäge, wie groß das Unvermögen der frevelhaften Menschen sein müsse. Auch erstreben sie gar nicht leichten und spielenden Lohn, den sie verfolgen und nicht zu erreichen vermögen, sondern sie fehlen im Höchsten, dem Gipfel der Dinge; und diesen Unglücklichen wird kein Erfolg in dem, wonach sie Tag und Nacht trachten, zuteil und worin die Kraft der Guten sich auszeichnet. Denn ebenso wie du entscheiden würdest, daß der am kräftigsten im Gehen sei, der auf seinen Füßen bis zum äußersten Ort, über den hinaus es keinen Weg gibt, gelangt ist, so mußt du auch notwendig urteilen, daß der der Mächtigste ist, welcher ein erstrebtes Ziel, über das hinaus es nichts gibt, erreicht. Im Gegensatz hierzu folgt nun, daß die Frevler als solche von aller Kraft verlassen scheinen. Denn warum lassen sie die Tugend und folgen den Lastern? Aus Unkenntnis des Guten? Aber was gibt es Kraftloseres als die Blindheit der Unwissenheit? Oder kennen sie das Befolgenswerte, aber auf verkehrtem Wege stürzt sie die Begierde? Gebrechlich sind sie auch so aus Zügellosigkeit, so daß sie gegen das Laster nicht ankämpfen können. Oder lassen sie wissend und wollend das Gute im Stich und beugen sich dem Laster? Aber auf die Weise hören sie auf, nicht nur mächtig zu sein, sondern überhaupt zu sein. Denn wer das gemeinsame Ziel alles dessen, was ist, verläßt, hört gleicher Weise auch auf zu sein.

Die Behauptung könnte vielleicht wunderbar erscheinen, daß die Schlechten, die ja die Mehrzahl bilden, überhaupt nicht sind, aber doch verhält es sich so. Denn daß die Schlechten schlecht sind, bestreite ich nicht, aber daß sie zugleich sind, leugne ich schlankweg und schlechthin. Denn wie man wohl eine Leiche einen toten Menschen, nicht aber einen Menschen schlechthin nennen kann, so will ich zugeben, daß die Lasterhaften zwar schlecht sind, aber daß sie es absolut sind, kann ich nicht bejahen. Denn das ist, was die Ordnung einhält, was die Natur bewahrt; was von dieser abfällt, gibt auch das Sein, das in seiner Natur begründet ist, auf. Aber die Schlechten wirst du sagen, vermögen doch. Das will auch ich nicht leugnen, aber dies ihr Vermögen rührt nicht von der Kraft, sondern von Schwäche her. Denn diese vermögen das Schlechte, was sie gerade nicht vermöchten, wenn sie in der Wirkungskraft des Guten hätten bleiben können. Und dieses ihnen zugegebene Vermögen zeigt nur einleuchtender, daß sie nichts vermögen; denn wenn, wie wir eben geschlossen haben, das Schlechte nichts ist, so ist klar, daß die Bösen nichts können, wenn sie nur das Schlechte können. – Das ist klar. – Und damit du begreifst, was die Kraft dieses Vermögens sei, so bedenke, daß wir eben festgestellt haben, daß nichts mächtiger sei als das höchste Gut. – So ist es, sagte ich. – Eben dieses aber, sagte sie, kann das Schlechte nicht. – Nein. – Gibt es jemand, der glaubt, daß die Menschen alles können? – Niemand, er müßte denn wahnsinnig sein. – Gleichwohl können eben diese das Schlechte. – O daß sie es doch, sagte ich, nicht könnten! – Wenn also der, der nur des Guten mächtig ist, alles kann, die aber, die auch des Schlechten mächtig sind, nicht alles können, so ist offenbar, daß eben die, welche das Schlechte können, weniger vermögen. Hierzu kommt unser Beweis, daß alle Macht zum Erstrebenswerten zu zählen ist, alles Erstrebenswerte sich auf das Gute, wie auf einen Gipfel seiner Natur bezieht. Aber die Möglichkeit einen Frevel zu begehen kann sich nicht auf das Gute beziehen, also ist er nicht erstrebenswert. Gleichwohl ist alle Macht erstrebenswert; daraus folgt, daß die Möglichkeit des Schlechten nicht Macht ist. Aus allem diesen erhellt die Macht des Guten, die unzweifelhafte Schwäche des Schlechten; und die Wahrheit jenes Satzes des Plato ist offenbar: daß nur die Weisen tun können, was sie wollen, daß die Bösen zwar verüben, was ihnen behebt, daß sie aber das, was sie wünschen, nicht erfüllen können. Denn sie tun Beliebiges, indem sie glauben, durch das, woran sie sich ergötzen, jenes Gut, das sie ersehnen, erreichen zu können; aber sie erreichen es nicht, weil zur Glückseligkeit Übeltaten nicht gelangen.

II Die du siehst auf hohem Throne stolze Könige sitzen,
Strahlend, purpurglänzend, starrend rings von finsteren Waffen,
Drohend mit verzerrtem Antlitz, wutvoll schnaubend im Herzen,
Zög man aber ab den Stolzen all den nichtigen Aufputz,
Säh' man wie im tiefsten Innern enge Ketten der Herr trägt.
Denn dort gießt Begier, die wilde, scharfes Gift in die Herzen,
Dort peitscht jäher Zorn die Geister, stürmisch Fluten erregend,
Trauer müdet bald das Denken, bald quält schlüpfrige Hoffnung.
Siehst du, wie in einem Haupte viel Tyrannen sich bergen?
Was er wünscht, kann der nicht tun, den die Herren bedrängen.

III Siehst du nun, in welchem Schmutz die Schande sich wälzt, in welchem Licht die Redlichkeit leuchtet? So ist es einleuchtend, daß dem Guten niemals sein Lohn, dem Verbrecher niemals seine Strafe fehlt. Denn nicht mit Unrecht kann man das Ding, um dessentwillen jegliches vollbracht wird, als den Lohn dessen, was vollbracht wird, ansehen, wie dem Läufer in der Rennbahn der Kranz, um dessentwillen er läuft, als Belohnung winkt. Daß aber die Glückseligkeit eben jenes Gut ist, um dessentwillen alles vollbracht wird, haben wir gezeigt. Es ist also den menschlichen Handlungen das Gute selbst gleichsam als gemeinsamer Lohn zum Ziel gesetzt, und dieses läßt sich von den Guten nicht trennen; denn der wird nicht gerade mit Recht gut heißen, dem das Gute mangelt, weshalb einem redlichen Charakter auch sein Lohn nicht fehlt. Wie sehr also auch die Schlechten toben, dem Weisen wird sein Kranz nicht mangeln noch welken; denn die Bosheit zerpflückt edlen Seelen nicht ihre eigene Zier, nur eine ihnen fremde. Und wenn sich auch jemand über äußere Gaben freuen sollte, so könnte diese doch ein andrer oder auch der Geber selbst wieder fortnehmen. Aber die Redlichkeit bringt jedem das Seine, und so wird er seinen Lohn nur entbehren, wenn er aufhört redlich zu sein. Endlich weil aller Lohn nur deshalb erstrebt wird, weil er für gut gehalten wird, wer möchte den, der das Gute besitzt, des Lohnes bar erklären? Aber welches Lohnes? Unter allen des schönsten und größten. Erinnere dich jenes Corollar, das ich noch eben als besonders wichtig gegeben habe, und schließe so: Wenn das Gute selbst die Glückseligkeit ist, so folgt, daß alle Guten eben dadurch, daß sie gut sind, glückselig sind. Die aber glückselig sind, sind nach Gebühr Götter. Also ist der Lohn der Guten, den keine Zeit zerbricht, der niemandes Macht mindert, niemandes Bosheit verdunkelt, Götter zu werden.

Da dies so ist, kann auch kein Weiser an der Strafe der Bösen zweifeln. Denn da gut und böse wie Strafe und Lohn einander entgegengesetzt sind, muß notwendiger Weise der Belohnung des Guten auf der Gegenseite die Bestrafung des Bösen entsprechen. Wie also den Guten die Güte selbst zur Belohnung wird, so ist den Bösen die Nichtsnutzigkeit selbst Strafe. Jeder der Strafe leidet, zweifelt nicht, daß er ein Übel leide. Könnten also jene, wenn sie sich selber einschätzten, sich frei von Strafe erscheinen, sie, denen die äußerste Schlechtigkeit alles Bösen nicht nur anhaftet, sondern die sie tief durchtränkt? Beachte nun von der Gegenseite des Guten aus die Strafe, die den Bösen begleitet. Daß alles Sein eines sei, und das eine selbst das Gute, hast du noch eben gelernt. Die Folge hiervon ist, daß alles was ist, offenbar auch gut ist. Auf diese Weise hört das auf zu sein, das vom Guten abfällt, und daher rührt es, daß die Schlechten aufhören zu sein, was sie gewesen waren; daß sie aber Menschen gewesen sind, zeigt noch der übrig bleibende Schein eines menschlichen Körpers, obwohl sie zur Bosheit verwandelt, auch die menschliche Natur verloren haben. Aber da über den Menschen hinaus den Menschen nur die Redlichkeit tragen kann, so stößt notwendig die Unredlichkeit diejenigen, welche sie von dem Menschenstand gestürzt hat, unter Menschenwürdigkeit hinab. So geschieht es, daß du den nicht für einen Menschen achten kannst, den du von Lastern verwandelt siehst. Von Habgier brennt der gewalttätige Räuber fremden Gutes? Du wirst ihn dem Wolfe ähnlich nennen. Bissig und ruhelos übt der seine Zunge im Zank? Vergleiche ihn dem Hunde. Der Verräter freut sich, heimlich durch Betrug zu rauben? Dem Fuchse sei er gleichgestellt. Der knirscht im Zorne unbeherrscht? Man glaubt, daß eines Löwen Seele ihm innewohnt. Angstvoll und feige zittert der vor dem, was nicht der Furcht wert ist? Man halte ihn dem Hirsche ähnlich. Träge und stumpf brütet der? Er lebt eines Esels Dasein. Leichtfertig und unbeständig ändert der seine Neigungen? In nichts unterscheidet er sich von den Vögeln. In schändlicher, unreiner Begierde versenkt sich jener? Von den Lüsten der schmutzigen Sau wird er gefesselt. So kommt es, daß wer die Tugend verläßt, aufhört Mensch zu sein; da er nicht zum Götterstande überzugehen vermag, verwandelt er sich zum Tier.

III

Irrend trieb auf der Meeresflut
Schiff und Segel des Ithakers
Einst der Westwind zur Insel hin,
Wo die Tochter des Sonnengotts,
Jene liebliche Göttin haust,
Die mit listigem Zauberspruch
Ihren Gästen den Becher mischt,
Und mit kräutergewaltiger Hand
Mannigfalt'ge Gestalten leiht:
Diesen decket des Ebers Haut,
Jenem wachsen als Berberleu
Spitze Krallen und scharfer Zahn.
Jüngst gereiht zu der Wölfe Schar
Heult der, wie er zu weinen sucht.
Der dem indischen Tiger gleich,
Schleicht um friedsamer Menschen Haus.
Mag von mancherlei Übeln auch
Der arkadische Flügelgott
Voll Erbarmen den Führer selbst
Dem Verderben entziehn, schon hat
Der Gefährten unselige Schar
Giftgemischten Pokal geschlürft,
Und als borstige Schweine nährt
Eichelmast sie im Futtertrog.
Nichts verblieb ihnen unversehrt,

Stimme, Leibesgestalt entschwand,
Unverändert allein der Geist
Leidet, seufzt ob der Ungestalt.
Ach, zu leicht war der Göttin Hand,
Unvermögend das Zauberkraut;
Nur die Glieder verwandelt sie,
An den Herzen erlahmt die Macht.
Drinnen bleibet die Menschenkraft
In verborgener Burg verwahrt.
Aber mächtiger wirkt das Gift,
Schrecklich, wenn es nach innen dringt,
Wenn den Menschen sich selbst es raubt,
Unversehrt zwar der Leib beharrt,
Doch die Seele voll Wunden rast.

IV Darauf sprach ich: Ich gestehe und sehe, daß nicht mit Unrecht gesagt wird, daß die Lasterhaften nur dem Schein nach einen menschlichen Körper behalten, aber den Eigenschaften des Geistes nach sich in wilde Tiere verwandeln. Doch daß ihr wilder und frevelhafter Sinn zum Verderben der Guten wütet, eben das hätte ich gewünscht, stände ihnen nicht frei. – Es steht ihnen auch nicht frei, sagte sie, wie an passendem Ort gezeigt werden soll, sondern es würde vielmehr, wenn ihnen eben das genommen würde, was wie man glaubt ihnen frei steht, ein großer Teil der Strafe der Frevler in Wegfall kommen. Denn so unglaublich dies vielleicht auch manchem scheinen mag, die Schlechten sind notgedrungen unglücklicher, wenn sie ihr Begehren vollführen, als wenn sie ihre Wünsche nicht erfüllen können. Denn wenn es schon Elend ist, Schlechtes zu wollen, so ist es noch mehr Elend, es zu können, weil ohne das die

Wirkung des elenden Willens fortfiele. Da also jeder einzelne sein eigenes Elend hat, müssen die durch dreifaches Unheil bedrängt sein, bei denen du siehst, daß sie den Frevel wollen, können, vollbringen. – Ich gebe es zu, sprach ich, aber daß sie dieses Unheil schnell entbehren und die Möglichkeit den Frevel zu vollführen verlieren möchten, wünsche ich heftig. – Sie werden ihn schneller entbehren, sagte sie, als du vielleicht willst, oder als sie selber glauben. Denn nichts ist innerhalb dieser kurzen Lebensgrenze so spät, daß es zumal einem unsterblichen Geist zu erwarten zu lange sei; denn ihre große Hoffnung, ihr aufragendes Gerüst von Freveltaten wird oft durch ein unerwartetes Ende zerstört, das aber wenigstens ihrem Elend eine Schranke setzt. Denn wenn die Schlechtigkeit sie elend macht, so muß der, welcher länger schlecht ist, auch notwendig länger elend sein, und ich würde sie am allerelendesten halten, wenn nicht wenigstens der Tod zuletzt ihre Bosheit beendete. Wenn wir also über die Unseligkeit der Schlechtigkeit richtig geschlossen haben, so erhellt, daß ein unbegrenztes Elend das sei, dessen Ewigkeit feststeht.

Darauf ich: Ein wunderlicher Schluß, dem schwer zuzustimmen ist; aber ich erkenne, daß er mit dem früher Zugestandenen nur zu sehr übereinstimmt. – Richtig schätzest du, sagte sie, aber wer es für hart hält, einem Schluß beizutreten, der muß billiger Weise entweder eine falsche Voraussetzung nachweisen, oder zeigen, daß die Verknüpfung der einzelnen Sätze nicht einen notwendigen Schluß bewirke. Sonst gibt es bei zugestandenen Voraussetzungen nichts weiter, weshalb man über eine Schlußfolge schelten dürfte. Denn auch das, was ich jetzt sagen werde, scheint nicht minder wunderbar, aber es folgt aus dem, was bereits angenommen ist, ebenso notwendig – Was denn? sprach ich – Daß die Bösen, wenn sie ihre Strafe abbüßen, glücklicher sind, als wenn sie keine Strafe der Gerechtigkeit zügelt. Jetzt denke ich nicht daran, was hierbei vielleicht manchem in den Sinn kommt, daß schlechte Sitten durch Vergeltung gebessert und zum Rechten geführt werden durch den Schrecken der Hinrichtung, wodurch andern ein Beispiel gegeben wird, die Schuld zu vermeiden, sondern ich meine, daß auf eine andere Weise die Bösen, wenn sie nicht bestraft werden, unglücklicher sind, auch wenn man keine Rücksicht auf Besserung und abschreckendes Beispiel nimmt. – Und was für eine Art außer diesen gäbe es? sagte ich. – Und jene: Daß die Guten glücklich, die Schlechten elend sind, haben wir doch zugestanden? – So ist es, sagte ich. – Wenn also dem Elend eines Menschen etwas Gutes hinzugefügt wird, ist er dann nicht glücklicher als der, dessen Elend rein und einsam, ohne eine Beimischung des Guten ist? – So scheint es, sagte ich. – Wie wenn nun diesem Elenden, der alles Gute entbehrt, außer dem, wodurch er elend ist, noch ein weiteres Übel hinzugefügt wird, ist er nicht weit unglücklicher zu achten als der, dessen Unseligkeit durch einen Anteil am Guten erleichtert wird? – Wie denn nicht? sagte ich. – Aber offenbar ist es gerecht, daß die Bösen bestraft werden, und unbillig, daß sie straflos entrinnen. – Wer möchte das leugnen? – Aber nicht einmal das wird man leugnen, sprach sie, daß alles gut ist, was gerecht ist, und hingegen schlecht, was ungerecht ist. – Das ist offenbar, antwortete ich. – Den Unredlichen ist, wenn sie bestraft werden, etwas Gutes verbunden, nämlich die Strafe selbst, die unter dem Gesichtspunkte der Gerechtigkeit gut ist. Wenn diese aber ohne Strafe bleiben, dann wohnt ihnen ein weiteres Übel inne, die Straflosigkeit selbst, die du auf Grund ihrer Unbilligkeit als Übel zugegeben hast. – Ich kann es nicht leugnen. – Also sind die Bösen, die mit einer ungerechten Straflosigkeit begabt sind, weit unglücklicher als die mit gerechter Vergeltung bestraften.

Darauf ich: Das ist folgerichtig nach dem, was vorher erschlossen ist. Aber bitte, sprach ich weiter, lässest du keine Strafe der Seelen, nachdem der Körper dem Tode verfallen, bestehen? – Freilich, sprach sie, große, und ich glaube, daß die einen mit aller Schärfe der Strafe, die andern mit der Milde der Reinigung vollzogen werden. Aber jetzt ist es nicht meine Absicht hierüber in Erörterungen einzutreten. Bisher haben wir das verhandelt, was dir am unwürdigsten erschien, die Macht der Bösen, die du als ein Nichts erkennen solltest, du solltest sehen, daß die, über deren Straflosigkeit du klagst, niemals ohne Strafe ihrer Ruchlosigkeit bleiben, du solltest lernen, daß jene Willkür, um deren rasches Ende du batest, nicht lange daure, und daß jene um so unglücklicher seien, je länger sie daure, und am unglücklichsten, wenn sie ewig wäre, danach, daß die Bösen elender sind, die in ungerechter Straflosigkeit durchschlüpfen, als die durch gerechte Vergeltung bestraft sind. Die Folge dieses Satzes ist, daß sie gerade dann von schwersten Strafen bedrängt werden, wenn man sie unbestraft glaubt. – Darauf ich: Wenn ich deine Gründe betrachte, so meine ich, daß nichts Wahreres gesagt werde. Aber wenn ich mich zum Urteil der Menschen zurückwende, wer ist dann, dem dies nicht nur unglaublich, sondern auch unerhört erschiene? – So ist es, sagte jene, denn sie können nicht ihre an Finsternis gewöhnten Augen zum Lichte einleuchtender Wahrheit erheben; sie sind solchen Vögeln ähnlich, deren Sehkraft die Nacht erhellt, der Tag blendet; denn indem sie nicht die Ordnung der Dinge, sondern ihre eigene Leidenschaft anblicken, halten sie Willkür oder Straflosigkeit der Frevler für Glück. Siehe aber zu, was das ewige Gesetz bestimmt. Gleiche dem Besseren deinen Geist an und du brauchst keinen belohnenden Richter, du hast dich selbst zu den Edleren geschart. Beuge aber dein Streben zum Schlechten herab, dann suche draußen keinen Rächer, du hast dich selber in die Tiefen herabgestoßen; gleichwie wenn du abwechselnd den schmutzigen Erdboden und den Himmel anschaust, alles außerhalb übergehend, du kraft deiner eigenen Augen jetzt im Kot, jetzt unter den Sternen zu weilen scheinst. Aber das gemeine Volk sieht das nicht ein. Wie also, wollen wir denen beitreten, die wir den wilden Tieren gleichgesetzt haben? Wenn jemand nach Verlust des Gesichtes auch vergäße, daß er eine Sehkraft besessen habe, und nun meinte, daß ihm nichts zu menschlicher Vollendung fehle, würden auch wir, die Sehenden, dasselbe wie der Blinde glauben? So wird man sich nicht dabei beruhigen, weil es auf ebenso sicheren und festen Gründen beruht, daß die unglücklicher sind, welche Unrecht tun, als die es leiden.

Ich möchte, sagte ich, diese Gründe selbst hören. – Leugnest du, sprach sie, daß jeder Böse der Strafe würdig sei? – Keineswegs. – Daß aber die unglücklich sind, die böse sind, erhellt nun schon vielfach. – Ja, sagte ich. – Daß also die der Strafe würdig sind, elend sind, zweifelst du nicht. – Einverstanden, sagte ich. – Wenn du also als Ankläger vor Gericht ständest, wem, meinst du, würde die Todesstrafe zuzuerkennen sein, dem der Unrecht begangen oder der es erlitten hat? – Ich zweifle nicht, sprach ich, daß ich dem, der es erlitten, durch den Schmerz des Übeltäters Genugtuung verschaffte. – Elender also würde dir der Täter des Unrechts als der Erdulder erscheinen? –

Das folgt daraus, sagte ich. Aus diesen und andern Gründen erhellt, daß Schändlichkeit nach ihrer eignen Natur elend macht, erhellt, daß zugefügtes Unrecht nicht den Empfänger, sondern den Täter elend macht. – Gleichwohl, sprach sie, verfahren die Staatsanwälte jetzt umgekehrt; denn sie suchen für die, welche etwas Schweres und Herbes erlitten haben, das Mitleid der Richter zu erwecken, während man gerechtes Mitleid mehr den Tätern schuldet, sie müßten nicht von erzürnten, sondern eher von gütigen und mitleidigen Anklägern wie Kranke zum Arzt geführt werden, um die Krankheit der Schuld durch die Strafe auszuschneiden. Unter diesem Gesichtspunkte würde die Mühwaltung ihrer Verteidiger entweder ganz verkümmern, oder wenn sie den Menschen nützen wollten, würde sie sich zur Anklage umwandeln. Die Bösen selber, wenn es ihnen möglich wäre, durch irgend ein Ritzchen die verlassene Tugend zu erblicken, und wenn sie sähen, daß sie durch die Qualen der Strafe den Schmutz der Laster ablegen könnten, um Tugend dafür einzutauschen, würden sie jene gar nicht Qualen nennen, sie würden die Hilfe der Verteidiger verschmähen und sich ganz den Anklägern und Richtern überlassen. Daher rührt es, daß bei den Weisen überhaupt gar kein Platz für den Haß übrig bleibt. Denn wer wäre ein so völliger Tor, daß er die Guten hassen möchte? Die Schlechten aber zu hassen entbehrt der Vernunft; denn wenn die Lasterhaftigkeit, wie ein körperliches Siechtum, eine Krankheit der Geister ist, und wenn wir die körperlich Kranken keineswegs des Hasses, sondern eher des Mitleids für würdig halten, so sind noch weit mehr die nicht zu verfolgen, sondern zu bedauern, deren Geister Ruchlosigkeit, die schlimmer als alles Siechtum ist, bedrückt.

IV Was freut euch denn so sehr, Erregung schaffend,
Daß ihr mit eigner Hand anlockt euer Geschick?
Wie, strebt ihr nach dem Tod? Der naht von selber,
Freiwillig hemmt er nie sein geflügelt Gespann.
Ihr, die Tiger und Bär, Leu, Schlange, Eber
Scharfen Zahns bedrohn, droht mit dem Schwerte euch selbst.
Weil euch Sitte und Brauch zu sehr entfremden,
Stürzt ihr in wilden Streit euch und frevelnden Krieg,
Wollt einander mit euren Spießen morden?
Kein vernünftiger Grund ist, der die Wildheit erklärt.
Willst du wahr nach Verdienst Vergeltung üben?
Liebe die Guten nach Recht, Böser erbarme dich mild.

V Hierauf sagte ich: Ich sehe, welcherlei Glück und Elend der Guten und Bösen in Verdienst und Schuld begründet ist. Aber ich erwäge, wie in diesem alltäglichen Schicksal selbst sowohl etwas Gutes, wie etwas Schlechtes enthalten sei. Denn auch keiner der Weisen möchte lieber verbannt, arm, schmachbeladen, statt reich an Gütern, ansehnlich durch Ehre, stark durch Macht in seiner Heimatstadt bleiben und gedeihn; denn klarer und deutlicher werden auch die Pflichten der Weisheit vollzogen, wenn gewissermaßen die Glückseligkeit der Lenker auf die Völker, die zu ihnen gehören, überströmt, während insbesondere Kerker, Tod und die übrigen Qualen richterlicher Strafen eher den schädlichen Bürgern gebühren, für die sie festgesetzt sind. Weshalb also dieses sich völlig umkehrt, warum die Strafen der Verbrecher die Guten bedrängen, die Bösen die Belohnungen der Guten an sich reißen, darüber wundere ich mich sehr und wünsche von dir zu wissen, was der Grund dieser ungerechten Verwirrung ist. Ich würde mich weniger wundern, wenn ich glaubte, daß alles durch ein willkürliches Ungefähr durcheinander gemischt werde. Jetzt häuft sich mein Erstaunen, weil Gott der Leiter ist; wenn er oft den Guten das Angenehme, den Schlechten das Rauhe, und dann wieder im Gegenteil den Guten das Harte, den Schlechten das Erwünschte zugesteht, was unterscheidet dann ihn, wenn nicht ein Grund dafür entdeckt wird, vom willkürlichen Zufall? – Nicht verwunderlich ist es, sagte sie, wenn etwas für willkürlich und verworren gehalten wird, weil man den vernünftigen Grund der Ordnung nicht kennt. Aber wenn du auch den Grund der vollkommenen Ordnung nicht kennst, solltest du doch nicht zweifeln, daß alles richtig geschehe, da ja ein guter Lenker die Welt lenkt.

V

Wer nicht weiß, wie dem Pol nahe das Sternbild
Des Arkturus kreist, gleitend vom Gipfel,
Wie den Wagen erst spät anschirrt Bootes,
Zögernd nur ins Meer eintaucht die Flammen,
Dann sehr schnell wiederum eilet zum Aufgang,
Staunet, welch Gesetz herrschet im Äther.
Wenn des Vollmondes Licht plötzlich erbleichet,
Ihn der Mitternacht Schatten verdunkeln,
Und die Sterne darauf wieder erscheinen,
Die sein Strahlenlicht erst noch verdeckte,
Dann erreget das Volk üblicher Irrtum,
Und vom häufigen Schlag tönen die Erze.
Aber keiner erstaunt, wenn wild der Nordsturm
Ans Gestade stößt brausende Fluten,
Oder wenn des Schnees eisige Kruste
Im Gebirge taut Hitze der Sonne;

Denn hier ist jeder Grund leicht zu durchschauen.
Nur Verborgenes bringt Herzen Verwirrung;
Nur was längere Zeit selten hervorbringt,
Unvermutet, bestaunt schwankendes Volk es.
Weicht dann Unwissenheit, nebliger Irrtum,
So verschwinden gleich Wunder des Scheines.

VI So ist es, sagte ich; aber da es deines Amtes ist, verborgene Dinge zu enthüllen und die vom Dunkel verhüllten Gründe zu entwickeln, entscheide dies, ich bitte, und da mich dieses Wunder am meisten verwirrt, erörtere es. – Da sprach jene ein wenig lächelnd: Du rufst mich zur Aufgabe, deren Lösung unter allen die größte ist, die kaum je sich genügend erschöpfen läßt. Denn der Gegenstand ist derart, daß nach Beseitigung eines Zweifels unzählige andre wie die Häupter der Hydra nachwachsen, wofür es kein andres Mittel gibt, als daß man es mit dem lebendigsten Feuer des Geistes bezwingt; denn hierbei pflegt man über die Einfachheit der Vorsehung, über die Reihenfolge des Schicksals, über den plötzlichen Zufall, über die göttliche Erkenntnis und Vorbestimmung, über die Willensfreiheit Fragen aufzuwerfen, und von welchem Gewicht diese sind, erwägst su selbst. Aber da dies zu erkennen auch ein Teil deiner Heilung ist, so wollen wir doch, wenn auch auf eine enge Zeitgrenze beschränkt, etwas davon zu erschöpfen suchen. Wenn dich der Genuß des musischen Gedichtes erquickt, so wirst du dies Vergnügen eine Weile aufschieben müssen, bis ich die in sich verknüpften Gründe der Ordnung nach entfalte. – Wie du willst, sagte ich. – Darauf begann sie gleichsam von einem andern Anfang ausgehend die Erörterung: Die Erzeugung und der gesamte Fortschritt aller veränderlichen

Naturwesen, alles was auf irgend eine Weise bewegt wird, erhält Ursache, Ordnung und Form aus der Beständigkeit des göttlichen Geistes. Dieser in der Feste seiner eigenen Einfachheit sich sammelnd, bestimmt eine vielfältige Art der Lenkung, die, wenn sie in der Reinheit der göttlichen Intelligenz selber betrachtet wird, Vorsehung genannt wird, die aber, wenn sie auf die Dinge, die er bewegt und ordnet, bezogen wird, von den Alten Schicksal benannt wurde. Daß sie verschieden sind, wird leicht erhellen, wenn man die Kraft beider im Geist betrachtet. Denn die Vorsehung ist jene im höchsten Herrscher aller Dinge selber begründete göttliche Vernunft, die alles ordnet. Das Schicksal aber die den beweglichen Dingen anhaftende planmäßige Anlage, durch welche die Vorsehung mit ihren Ordnungen alles verknüpft. Die Vorsehung umfaßt nämlich alles gleichmäßig, wie verschieden, wie unbegrenzt es sei, das Schicksal aber treibt das Einzelne zur Bewegung, das nach Ort, Form, Zeit verteilt ist, so daß diese Entwicklung der zeitlichen Ordnung, im Überblick des göttlichen Geistes vereinigt, Vorsehung ist, eben diese Vereinigung aber in der Zeit verteilt und entwickelt, Schicksal genannt wird. Wenn die beiden also auch verschieden sind, hängt doch das eine vom andern ab. Denn die Schicksalsordnung geht hervor aus der Einfachheit der Vorsehung. So wie der Künstler zuerst die Form seines Werkes im Geiste erfaßt, dann das Werk wirklich ausführt, und was er einfach vor sich erblickt hat, dann in zeitlicher Ordnung durchfuhrt, so ordnet Gott durch die Vorsehung einheitlich und fest, was geschehen soll. Durch das Schicksal aber verwaltet er das, was er geordnet hat, vielfältig in der Zeit. Mag nun durch göttliche, der Vorsehung dienende Geister das Schicksal ausgeübt werden, mag durch eine Seele oder durch die ganze dienende Natur, durch die himmlische Bewegung der Gestirne, durch die Kraft von Engeln oder mannigfache List der Dämonen, mag die Schicksalsfolge durch einiges hiervon oder durch alles zusammen gewoben werden, das ist gewiß offenbar, daß die Vorsehung die unbewegliche einfache Form der sich vollziehenden Dinge ist, das Schicksal aber der bewegliche Zusammenhang und die zeitliche Ordnung dessen, was die göttliche Einfalt zum Vollzug geordnet hat. So kommt es, daß alles, was dem Schicksal untersteht, auch der Vorsehung unterworfen ist, wie auch das Schicksal selbst. Einiges aber, was der Vorsehung unterstellt ist, überragt die Schicksalsordnung. Das aber ist, was der höchsten Gottheit nahe, so beständig ist, daß es über die Beweglichkeit der Schicksalsordnung hinausgeht; denn unter Kreisen, die sich um denselben Angelpunkt drehen, rückt der innerste der Einfachheit der Mitte näher, und gilt dann den weiter außerhalb kreisenden wiederum als Angelpunkt, um den sie sich drehen; der äußerste aber, der sich im größten Umkreis dreht, entfaltet sich in um so größeren Raum, je mehr er vom unteilbaren Mittelpunkt entfernt ist; jener aber, der sich der Mitte verbindet und gesellt, zieht sich zur Einfachheit zusammen und hört auf sich zu verbreitern und zu zerfließen. In gleicher Weise verstrickt sich, was weiter vom ersten Geist abweicht, in größere Verschlingungen des Schicksals, und ein jedes ist um so freier vom Schicksal, je näher es nach jenem Angelpunkt der Dinge hinstrebt. Wenn es dann in der Festigkeit des obersten Geistes selber wurzelt, so reicht es auch, selbst ohne Bewegung, über die Notwendigkeit des Schicksals hinaus.

Wie sich also der Vernunftschluß zum Intellekt, das Werdende zum Seienden, die Zeit zur Ewigkeit, der Kreis zum

Mittelpunkt verhält, so auch die bewegliche Reihe des Schicksals zur beständigen Einfachheit der Vorsehung. Diese Reihe bewegt den Himmel und die Gestirne, lenkt wechselweise die Elemente und formt sie durch gegenseitige Veränderungen, eben sie erneuert alles Entstehende und Vergehende ähnlich wie das Fortschreiten der Früchte und der Samen. Sie bestimmt zwingend auch die Handlungen und Lebensschicksale der Menschen durch unlösbare Verknüpfung der Ursachen; denn da jene vom Ursprung der unbeweglichen Vorsehung ausgeht, so ist es notwendig, daß auch diese selbst unabänderlich sind. Denn so werden die Dinge am besten gelenkt, wenn die im göttlichen Geiste beharrende Einfachheit eine unbeugbare Ordnung der Ursachen hervorbringt. Diese Ordnung aber soll die veränderlichen Dinge, die sonst willkürlich auf- und abfluten würden, durch ihre eigene Unbeweglichkeit zügeln. So kommt es, daß, obwohl wir diese Ordnung ganz und gar nicht zu ergründen vermögen und alles verwirrt und unordentlich erscheint, dennoch ihre Weise alles zum Guten lenkt und anordnet. Nichts nämlich geschieht um des Bösen willen, nicht einmal von den Bösen selbst; denn sie, wie überreich bewiesen ist, verführt nur ein schlechter Irrtum, während sie das Gute suchen, geschweige daß die Ordnung, die vom Angelpunkt des höchsten Guten ausgeht, von ihrem Ursprung abbiege.

Doch du wirst sagen: Welche Verwirrung kann überhaupt unbilliger sein, als daß den Guten bald Glückliches bald Widriges und ebenso den Schlechten bald Erwünschtes bald Verhaßtes zuteil wird? Doch wie, bringen etwa die Menschen ihr Leben in solcher Vollkraft des Geistes hin, daß diejenigen, welche sie für gut oder schlecht erachten, auch notwendig so sind, wie sie meinen? Auch widerstreiten sich die Urteile der Menschen hierin, und die, welche die einen der Belohnung, halten die andern der Bestrafung wert. Jedoch wir wollen zugeben, daß jemand die Schlechten und Guten unterscheiden könne, kann er dann auch jene innerste Mischung, wie man bei Körpern zu sagen pflegt, bei den Geistern anschauen? Denn für die Nichtwissenden ist es ein ganz ähnliches Wunder, weshalb dem einen gesunden Körper Süßes, dem anderen Bitteres paßt und weshalb den Kranken, diesen einen Sanftes, den andern Scharfes hilft; der Arzt aber, der Art und Mischung der Gesundheit und Krankheit unterscheidet, wundert sich keineswegs. Was scheint aber Redlichkeit anders als Gesundheit des Geistes zu sein? Was Laster anders als Krankheit? Wer anders aber ist Erhalter des Guten, Vertreiber des Bösen, als der Lenker und Heiler der Geister, Gott? Da er von der hohen Warte der Vorsehung alles überschaut, erkennt er, was zu einem jeden paßt, und was er passend weiß, das mißt er ihm zu. Hier vollzieht sich jenes staunenswerte Wunder der Schicksalsordnung, daß vom Wissenden getan wird, worüber die Unwissenden bestürzt sind. Denn ich will jetzt das Wenige, was die menschliche Vernunft vermag, an der göttlichen Tiefe messen. Den, welchen du für den Gerechtesten, für den sorgfältigsten Wahrer der Billigkeit hältst, sieht die allwissende Vorsehung sehr verschieden an. Daß die siegreiche Sache den Göttern, die besiegte aber dem Cato gefallen hat, hat unser Freund Lucanus gerügt. Hier ist also alles, was du gegen deine Hoffnung geschehen siehst, der Sache nach die richtige Ordnung, deiner Meinung nach aber die verkehrte Verwirrung. Sei nun auch jemand so gut gesittet, daß das göttliche Urteil über ihn und das menschliche völlig übereinstimmen, so ist er doch schwach an Kraft des Geistes, und wenn ihm etwas Widriges zustößt, wird er vielleicht aufhören die Schuldlosigkeit zu bewahren, die ihm sein Glück erhalten konnte. Also schont ein weises Abwägen den, welchen das Unglück schlechter machen könnte, um nicht zu dulden, daß der leide, dem es nicht zukommt. Ein andrer ist vollkommen in allen Tugenden, heilig und Gott am nächsten. Daß er durch irgend welche Widrigkeiten berührt werde, hält die Gottheit so sehr für Unrecht, daß sie ihn nicht einmal durch Krankheit betrüben läßt, denn wie einer, der ausgezeichneter ist als sogar ich, sagt: »Eines heiligen Mannes Gestalt auferbauen die ätherischen Lüfte.« Oft geschieht es aber, daß den Guten die oberste Herrschgewalt übertragen wird, damit die überhandnehmende Schlechtigkeit zurückgestoßen werde. Andern teilt sie eine gewisse Mischung nach der Beschaffenheit ihres Geistes zu, manche beunruhigt sie, damit sie nicht durch langes Glück zu üppig werden, andre werden durch Härte geprüft, um die Tugenden ihres Geistes durch Gebrauch und Übung der Geduld zu stärken. Die einen fürchten mehr als billig, was sie doch tragen können, die andern verachten mehr als billig, was sie nicht tragen können. Diese stellt sie durch Trauriges auf die Probe. Manche haben einen verehrungswürdigen Namen in der Zeit um den Preis eines ruhmvollen Todes erkauft, manche haben, unüberwindbar durch Martern, der Welt ein Beispiel gegeben, daß die Tugend durch Übel unbesiegt sei; und es herrscht kein Zweifel, wie recht und wohlgeordnet dies ist und denen zum Guten gereicht, denen es zustößt. Auch daß den Schlechten bald Trauriges, bald Erwünschtes begegnet, leitet sich aus denselben Ursachen ab. Über das Traurige wundert sich niemand, weil sie es nach aller Meinung wohl verdient haben und ihre Strafe bald die Übrigen vom Verbrechen abhalten, bald die Bestraften selber bessern soll; das Erfreuliche aber redet gerade für die Guten eine laute Sprache als Beweis, was sie von einem Glück dieser Art halten sollen, wenn sie sehen, wie es den Schlechten oft Knechtesdienste leistet. Hierbei könnte auch, glaube ich, dies erwogen werden, daß der eine vielleicht von Natur so jäh und ungestüm ist, daß ihn ein Mangel an Vermögen eher zu Verbrechen erbittern könnte; dessen Krankheit heilt die Vorsehung durch die Arzenei gehäuften Geldes. Wenn dieser sein von schlechten Taten belastetes Gewissen betrachtet und sich mit seinem Glück vergleicht, so gerät er vielleicht in Furcht, daß der Verlust dessen, was im Gebrauch ihm so angenehm ist, traurig wäre. Er wird also seine Sitten ändern, und während er fürchtet sein Vermögen zu verlieren, läßt er von seiner Schlechtigkeit. Andre hat ihr unwürdig verbrachtes Glück in verdientes Elend gestürzt; manchen ist das Recht zu strafen zugestanden worden, damit es für die Guten ein Anlaß zur Übung, für die Schlechten zur Marter sei. Denn wie es kein Bündnis gibt zwischen Guten und Bösen, so können die Bösen auch untereinander nie einig werden. Wie denn auch? Da ihr Gewissen durch Laster zerrissen ist, so daß jeder mit sich selbst in Zwiespalt gerät, so tun sie oft, was sie nach ihrer eigenen Entscheidung nicht hätten tun wollen. Daraus hat die höchste Vorsehung oft ein bemerkenswertes Wunder gewirkt, daß die Schlechten andre Schlechte zu Guten machen. Denn da es diesen scheint, als ob sie von den Schlechtesten Unrecht litten, kehren sie, von dem Haß gegen ihre Schädiger entbrannt, zur Frucht der Tugend zurück, indem sie sich bemühen denen unähnlich zu sein, die sie hassen. Nämlich allein für die göttliche Kraft ist das Böse auch das Gute, da es durch geeigneten Gebrauch die Wirkung eines Guten hervorbringt. Denn eine Ordnung umfaßt alles insgesamt, so daß, was von der ihm durch Vernunft zugewiesenen Ordnung abgewichen ist, freilich in eine andre, aber doch in eine Ordnung zurückgleitet, auf daß im Reiche der Vorsehung nichts der blinden Willkür zustehe. »Lästig ist es, daß ich, als wäre ich Gott, das alles rede.« Denn es ist für Menschen nicht recht, die gesamten Triebfedern des göttlichen Werkes mit dem Geiste erfassen oder mit der Rede entwickeln zu wollen. Möge es genügen nur das zu durchschauen, was Gott der Schöpfer aller Wesen, der alles zum Guten lenkt und ordnet, der seine Schöpfung in der Ärmlichkeit mit sich zu halten eilt, alles Schlechte aus den Grenzen seines Staates durch die Ordnung der Schicksalsnotwendigkeit verbannt. So kommt es, daß man nirgends etwas Schlechtes auffinden kann, wenn man auf die ordnende Vorsehung blickt, während es auf der Erde zu überwuchern scheint. Aber ich sehe, daß du schon längst durch das Gewicht der Untersuchung belastet und durch die Ausführlichkeit der Erörterung ermüdet, einige Süße im Gesange erwartest. Empfange also einen Trunk, auf daß du durch ihn wiederhergestellt um so fester zu Weiterem streben mögest.

VI Wer das Gesetz des erhabenen Donnerers
Will mit reinem Geiste betrachten,
Schau empor zum Scheitel des Himmels,
Dort bewahren die Sterne den Frieden
Noch dem All in rechtmäßigem Bündnis.
Nicht vom rötlichen Lichte getrieben,
Hindert Phöbus den kühlen Mondlauf,
Und die Bärin, die rings um des Poles
Höchsten Scheitel auf schneller Bahn kreist,

Niemals wünscht sie im tiefen Westen,
Wo die andern Sterne eintauchen,
Ihre Leuchten im Meer zu löschen.
Stets zu gleicher geeigneter Stunde
Kündet Hesper die nächtlichen Zeiten,
Leuchtet Luzifer vor dem Tage.
So führet Wechselliebe den Kreislauf
Ewig wieder zurück; verbannt vom
Sternenantlitz zwieträchtige Kriege.
Solche Eintracht zügelt im Gleichmaß
Elemente, daß sie im Wettstreit
Wechselnd lösen Feuchtes und Trocknes,
Hitze und Kälte friedlich sich einen,
Steil zur Höhe die Flamme aufsteigt,
Schwer die Last der Erde herabsinkt.
Gleichem Gesetz nach atmet der Frühling
Blütenschwer seine feuchten Düfte,
Trocknet Saaten der heftige Sommer,
Kommt der Herbst mit Früchten beladen,
Näßt den Winter strömender Regen.
Solch ein Gleichmaß nährt und befruchtet
Alles Leben, das irdisch atmet,
Gleicher Weise vernichtet und gründet
Tod und Geburt im Steigen und Sinken.
Oben thront indessen der Schöpfer
Aller Dinge und lenkt die Zügel,
König, Herr und Quelle und Ursprung,
Weises Gesetz und Richter des Rechten.
Wenn zu heftig antreibt Bewegung,
Hält zurück er und festigt das Schwanke.
Nur wem die graden Bahnen befohlen,
Beugt er nicht mehr zurück zum Kreise.

Was jetzt fest seine Ordnung gegründet,
Sinkt erschlafft, getrennt von der Quelle.
Hier ist Liebe, gemeinsam des Weltalls.
Nur in Grenzen streben die Guten,
Weil sie anders dauern nicht können,
Wenn sie nicht durch erwidernde Liebe
Fluten zum Quell, der Leben verliehen.

VII Siehst du also jetzt, wohin alles, was wir gesagt haben, hinaus will? – Wohin denn? sagte ich. – Daß alles Glück, sagte sie, zum Guten neigt. – Und wie kann das sein? sprach ich. – Merke auf, sagte sie, da alles Glück, ob freundlich ob rauh, um einerseits die Guten zu belohnen oder zu prüfen, andererseits die Schlechten zu strafen oder zu bessern, verhängt wird, so ist alles, weil es gerecht oder nützlich ist, auch gut. – Sehr wahr freilich, sagte ich, ist der Schluß; und wenn ich die Vorsehung oder das Schicksal betrachte, wie du es eben mich gelehrt hast, so stützt sich ihr Spruch auf feste Grundlagen. Doch wollen wir, wenn es dir gefällt, ihn unter die zählen, die du noch eben als unglaublich hingestellt hast. – Wieso? fragte sie. – Weil die Menschen die gemeine Rede im Munde führen, und zwar oft, manches Glück sei schlecht. – Willst du also, sagte sie, daß wir ein Weilchen der Rede des gemeinen Volkes beitreten, auf daß es nicht scheine, daß wir uns von dem gemeinen Menschenverstande zu weit entfernen? – Wie es dir gefällt, sagte ich. – Urteilst du nicht, daß ein Gut sei, was nützt? – Wohl, sagte ich. – Was also entweder übt oder bessert, nützt? – Ich gebe es zu, sagte ich. – Ist also gut? – Wie nicht. – Das aber ist der Fall derer, die entweder in der Tugend gegründet, Krieg gegen die Unbill führen, oder von den Lastern sich abwendend, den Weg der Tugend einschlagen. – Ich kann es nicht leugnen, sagte ich. – Was also angenehm ist, weil es den Guten als Belohnung zuerteilt wird, soll nach der Entscheidung des Pöbels etwa übel sein? – Keineswegs, vielmehr urteilt er, daß dies, weil es so ist, auch das Beste ist. – Wie nun weiter, wenn es, weil es rauh ist, die Bösen mit gerechter Strafe zügelt, hält es dann etwa das Volk für gut? – Im Gegenteil, sagte ich, von allem, was sich ausdenken läßt, hält es dies für das Elendeste. – Sieh also zu, daß wir nicht etwa, der Meinung des Volkes folgend, etwas sehr Unglaubliches zustande bringen. – Was? sagte ich. – Aus dem nämlich, sagte sie, was zugestanden ist, ergibt sich, daß jedes Geschick, wie es auch immer sei, derer, die im Besitz oder im Fortschritt oder im Erwerb der Tugend sind, gut ist, für die aber, die im Bösen verharren, jedes überaus schlecht ist. – Das ist wahr, sagte ich, obgleich niemand es zu bekennen wagt. – Deshalb, sagte sie, darf sich der Weise ebenso wenig beschweren, so oft er auch in den Kampf mit dem Geschick gezogen wird, wie es dem Tapfern nicht geziemt sich zu erzürnen, wenn ihn das Kriegsgetümmel umtost. Denn für beide sind die Schwierigkeiten selbst Stoff, für diesen um Ruhm zu erwerben, für jenen Weisheit auszubilden. Und deshalb heißt sie auch Tugend, weil sie, auf ihre Tauglichkeit gestützt, sich von Widerwärtigkeiten nicht überwinden läßt. Ihr, die ihr auf dem Pfad der Tugend festen Fuß gefaßt habt, seid nicht gekommen, in Wonne zu zerfließen und in Wollust zu erschlaffen, ihr streitet den harten Geisteskampf mit jederlei Geschick, auf daß euch nicht das Üble erdrücke, das Geneigte verderbe. Nehmt mit starker Kraft die Mitte ein. Alles was darunter bleibt oder darüber hinausgeht, enthält Verachtung der Glückseligkeit, nicht Belohnung der Mühe. In eure Hand ist es gelegt, wie ihr euch das Glück gestalten wollt, denn ein jedes, das rauh erscheint, straft, wenn es nicht übt oder bessert.

VII

Es verweilt im Krieg zweimal fünf der Jahre
Der Atride, bis er mit Trojas Trümmern
Rächend sühnen konnt' seines Bruders Ehbett.
Doch mußt' er zuvor, da der Griechen Flotte
Günstgen Wind begehrt, ihn mit Blut erkaufen;
Und der Vater sieht, sich verleugnend, trauernd
Seiner Tochter Kehle jetzt durchbohrt vom Priester.
Es beweint Olyss den Verlust der Freunde,
Polyphem hat sie, lagernd in der Höhle,
Wild in sich versenkt im gewaltgen Schlunde.
Doch der Wütrich hat dann, beraubt des Auges,
Bald die Lust gebüßt mit den bittern Tränen.
Rühmt doch Herkules seine schwere Arbeit:
Der Kentauren Stolz hat er kühn gebändigt,
Hat dem wilden Leu dann das Fell entrissen,
Traf mit sicherem Pfeil die verruchten Vögel.
Vor des Drachen Bück er die Äpfel raubte;
Seine Linke trägt schwer am Goldmetalle.
Schleppt den Höllenhund an dreifacher Kette.
Wirft als Sieger, heißt's, dann den großen Herren
Selbst dem Viergespann hin zum wilden Fraße.
Ausgebrannt vom Gift muß die Hydra enden.
Es birgt Achelous an der Stirn geschändet
In des Flusses Bette schnell sein schamvoll Antlitz.
Nieder streckt im libyschen Sande er Antäus.
Kakus muß den Zorn des Euander sätt'gen.
Auf den Schultern, die bald der hohe Weltkreis
Drücken sollte, schäumt der gefangne Eber.

Dann als letztes trug er den hohen Himmel
Auf des Nackens Kraft, bis zum Lohn der letzten
Arbeit selbst ihm ward der Besitz des Himmels. –
Geht ihr Tapfern nun, wo auf steilem Wege
Euch sein Beispiel trägt, warum seid ihr träge,
Zieht nun kampflos ab? Nur dem Erdbesieger
Winken die Sterne!

FÜNFTES BUCH

I So hatte sie gesprochen und schon wandte sie sich, um andres zu behandeln und zu entwickeln. Da sagte ich: Richtig ist deine Ausführung und durchaus deiner Autorität würdig, was du aber vor kurzem über die Frage der Vorsehung gesagt hast, daß sie in sehr vielem andern enthalten sei, damit möchte ich eine Probe machen. Ich frage nämlich, um zu ergänzen, ob irgend etwas überhaupt sein könne, was wir Zufall nennen, und was es denn sei. – Darauf sagte sie: Ich eile, die Schuld meines Versprechens zu lösen und dir den Weg zur Rückkehr in dein Vaterland zu öffnen, doch ist zu fürchten, daß, obschon die Erkenntnis außerordentlich nützlich ist, sie dennoch von dem von uns eingeschlagenen Wege etwas abführt, so daß du von dem Umweg ermüdet und den rechten Weg zu durchmessen nicht mehr imstande sein wirst. – Das ist durchaus nicht zu fürchten, sagte ich, denn das zu erkennen, was mich aufs höchste beglückt, wird mir statt des Ausruhens dienen; überdies, da ja jeder Teil deiner Ausführungen von unbedingtem Vertrauen gestützt worden ist, so möge auch nichts von dem folgenden zweideutig bleiben. – Da sprach sie: Ich tue nach deinem Willen, und begann sogleich: Wenn jemand den Zufall so bestimmen wollte, daß ein Ereignis durch eine Bewegung von Ungefähr und nicht durch irgend eine Verknüpfung von Ursachen hervorgebracht wird, so behaupte ich, daß es überhaupt keinen Zufall gibt und erkläre, daß außer der Bezeichnung für ein untergelegtes Ding es ein durchaus leeres Wort sei. Denn wo kann, wenn das All der Ordnung gemäß von Gott umschlossen ist, irgend ein Ort für das Ungefähr übrig bleiben? Wenn es ein wahrer Ausspruch ist, den wohl niemand von den Alten bestritten hat, daß aus nichts nichts entstehen kann, obgleich es nicht von dem schaffenden Prinzip, sondern von der gegenständlichen Materie stammt, so legt das gleichsam von Natur das Fundament aller Beweisführungen. Wenn aber etwas ohne Ursachen entstehen kann, so könnte es scheinen, als ob es aus nichts entstehe. Wenn aber geleugnet wird, daß das geschehen kann, so ist es unmöglich, daß es irgendwie einen Zufall gibt, wie wir ihn kurz vorher bestimmt haben. – Wie also, sagte ich, gibt es nichts, was mit Recht sei es Zufall sei es Ungefähr genannt werden könnte? Oder gibt es etwas, das doch, wenn auch der gemeinen Menge verborgen, auf diese Worte paßt? – Mein Aristoteles hat dies in der Physik mit kurzem und der Wahrheit am nächsten kommendem Beweis so umgrenzt. – Auf welche Weise? fragte ich. – Er sagt, wenn etwas um irgend einer Sache willen ausgeführt wird und aus irgend welchen Ursachen etwas anders eintrifft als beabsichtigt war, so wird das oft Zufall genannt; so, wenn jemand den Erdboden durchgräbt, um den Acker zu bebauen und eine Last vergrabenen Goldes findet, dann glaubt er, das sei irgendwie von ungefähr geschehen. In Wahrheit ist das nicht grundlos so, denn es hat seine eigenen Ursachen, als Zufall aber erscheint das unvorhergesehene, unbeabsichtigt wirksame Zusammentreffen von Ursachen. Denn wenn der Bauer den Acker nicht umgegraben hätte, und wenn der Eigentümer nicht an diesem Orte seinen Schatz vergraben hätte, so wäre das Gold nicht gefunden worden. Hier also liegt die Ursache des zufälligen Gewinns darin, daß er aus Ursachen, die für ihn günstig zusammentrafen, und nicht aus einer beabsichtigten Handlung herrührte. Denn weder, wer das Gold vergrub, noch der den Acker bearbeitete, beabsichtigte, daß das Gold gefunden werden sollte; aber wie ich gesagt habe, traf überein und zusammen, daß wo jener eingrub, dieser ausgrub. So muß also bestimmt werden: Zufall ist der aus einem Zusammentreffen von Ursachen unvermutete Erfolg von etwas, das zu irgend einem Zweck unternommen wurde. Daß aber die Ursachen so zusammentreffen und zusammenfließen können, macht jene Ordnung, die aus unvermeidlicher Verknüpfung hervorgeht und die aus der Quelle der Vorsehung fließend alles an den ihm gemäßen Ort stellt.

I Vom achaemenischen Fels, wo trügerisch fliehend der Parther
  Rückgewandt mit dem Pfeil trifft des Verfolgers Brust,
Dort entspringen dem Quell gemeinsam Euphrat und Tigris.
  Doch nach kurzem getrennt, fließen die Wasser entzweit.
Wenn dann aufs neue ihr Lauf sich wieder zu einem verbindet,
  Strömt zusammen in eins, was beider Welle geführt,
Schiffe begegnen sich und Stämme, gewälzt in der Strömung,
  Und was von ungefähr sich mit den Wogen vermischt,
Aber ihr schwankender Fall folgt nur der Neigung der Erde,
  Und in Wirbel und Sturz herrschet der Strömung Gesetz.
Was so als Zufall scheint mit schleifendem Zügel zu fließen,
  Trägt geduldig den Zaum nach seinem eignen Gesetz.

II Ich verstehe, sagte ich, was du gesagt hast, und gebe zu, daß es so ist. Aber ist nicht in dieser Reihe zusammenhängender Ursachen irgend eine Freiheit unseres Willens, oder umschließt die Kette des Verhängnisses auch sogar die Bewegungen der menschlichen Seelen? – Es gibt eine, sagte sie, es würde nämlich keine vernünftige Natur sein, wenn es keine Freiheit des Willens gäbe; denn was von Natur sich der Vernunft bedienen kann, das hat Urteil, womit es jegliches Ding unterscheidet; so vermag es zu erkennen, was zu vermeiden und was wünschenswert ist. Nach dem, was jemand für wünschenswert hält, strebt er und vermeidet, was er für schädlich hält. Deshalb haben sie, deren Vernunft ihnen selbst eingeboren ist, auch die Freiheit des Wollens oder Nichtwollens. Aber das ist nicht in allen Wesen gleichmäßig festgelegt. Den himmlischen und göttlichen Wesen ist diese Macht immer zu Diensten, und sowohl als durchdringendes Urteil wie als unverderbter Wille, wie als Wirksamkeit für den Wünschenden. Die menschlichen Seelen nun müssen notwendig um so freier sein, je mehr sie sich in Betrachtung des göttlichen Geistes erhalten, weniger wenn sie zu Körpern herabgleiten, am wenigsten wenn sie von irdischen Gliedern gebunden werden. Äußerste Knechtschaft aber ist es, wenn sie den Lastern ergeben, vom Besitz der eigenen Vernunft abgefallen sind. Denn sobald sie die Augen vom Licht der höchsten Wahrheit zu Niederem und Dunklem abgewendet haben, so umhüllen sie die Wolken der Unwissenheit, sie werden von verderblichen Leidenschaften umhergetrieben, und dadurch, daß sie diesen immer näher treten und ihnen zustimmen, haben sie die Knechtschaft verursacht und helfen ihr und sind so gewissermaßen aus freier Wahl Knechte. Das aber erbückt die alles durchschauende Einsicht der Vorsehung von Ewigkeit und ordnet dies vorbestimmend nach Verdienst.

II

»Alles durchschauend und alles erhorchend«,
So singt Homer, des strahlenden Phöbus
Reines Licht mit süßströmendem Munde;
Dennoch können das Innre der Erde
Nicht, noch die Tiefe des unfesten Meeres

Seines Lichtes Strahlen durchdringen.
Nicht so der große Schöpfer der Welten.
Ihm, das All von oben durchschauend,
Stehen nicht Hügel der Erde entgegen,
Nicht die Nacht voll finsterer Wolken.
Das was ist, was war und was sein wird,
Faßt er mit einem Blick seines Geistes.
Ihn, denn er nur durchschauet das Ganze,
Kannst du die wahre Sonne nennen.

III Darauf sagte ich: Nun bin ich in noch schwierigere Ungewißheit verstrickt. – Wie das? sprach sie, aber ich ahne schon, wodurch du verwirrt bist. – Durchaus entgegengesetzt und zuwider scheint es mir zu sein, daß Gott das Universum vorausschaut und daneben irgend ein freier Wille sei; denn wenn Gott das All durchschaut und auf keine Weise irren kann, so muß daraus notwendig hervorgehen, daß die Vorsehung voraussieht, was künftig sein wird. Deshalb wenn sie von Ewigkeit nicht nur die Taten der Menschen, sondern auch Absichten und Willen voraus weiß, so gibt es keine Freiheit des Willens; denn nicht nur kann keine Tatsache beliebig anders geschehen, noch kann ein Wille sein, den die göttliche Vorsehung nicht unfehlbar voraus weiß. Denn wenn etwas anders gewandt werden kann als vorausgesehen war, dann ist das Vorauswissen der Zukunft nicht fest, sondern mehr eine Ungewisse Meinung, was ich von Gott zu glauben für ein Unrecht halte. Auch billige ich nicht die Gründe jener, die da glauben, den Knoten dieser Frage lösen zu können, sie sagen nämlich: Nicht deshalb wird etwas geschehen, weil die Vorsehung vorausgesehen hat, was geschehen wird, sondern im Gegenteil vielmehr, weil etwas geschehen wird, kann es der göttlichen Vorsehung nicht verborgen bleiben, und auf die Weise gleitet die Notwendigkeit auf den andern Teil hinüber; nicht ist nämlich notwendig, daß geschieht, was vorausgesehen wurde, sondern es ist notwendig, daß das, was zukünftig geschehen wird, vorausgesehen wird; gewissermaßen als ob es sich darum handle, welches die Ursache eines Dinges ist, das Vorauswissen der Notwendigkeit des Zukünftigen, oder die Notwendigkeit der Voraussicht des Zukünftigen, und nicht vielmehr, was wir zu beweisen erstreben, daß, was auch immer die Ordnung der Ursachen sei, notwendig ist der Eintritt der vorausgesehenen Dinge, selbst wenn das Vorauswissen in die zukünftigen Dinge eine Notwendigkeit ihres Eintretens nicht hineinzutragen scheint. Denn, wenn irgend wer sitzt, so muß die Meinung, welche aussagt, daß er sitzt, notwendig wahr sein; das Umgekehrte aber, wenn jemand die wahre Meinung hat, daß jemand sitzt, so muß er auch notwendig sitzen. Beiden Fällen wohnt also Notwendigkeit inne; hier dem Sitzen, dort der Wahrheit, aber nicht sitzt jemand, weil die Meinung wahr ist, sondern sie ist vielmehr wahr, weil das Sitzen vorausgeht. Wenn auch die Ursache der Wahrheit aus dem andern Teile hervorgeht, so wohnt doch beiden gemeinsam die Notwendigkeit inne.

Ähnlich kann über die Vorsicht und die zukünftigen Dinge geschlossen werden. Denn wenn diese auch deshalb vorgesehen werden, weil sie geschehen werden, nicht aber deshalb geschehen, weil sie vorausgesehen werden, so ist es nichtsdestoweniger notwendig, daß von Gott die künftigen vorausgeschaut werden, wie auch daß die vorausgeschauten eintreten als vorausgeschaute, und das ist allein genug, um die Freiheit des Willens zu vernichten. Aber ist es nicht ganz verkehrt, das Eintreffen zeitlicher Dinge die Ursache der ewigen Vorsicht zu nennen? Denn wenn man urteilt, daß Gott die Zukunft deshalb voraussähe, weil sie eintreffen werde, was heißt das anders als meinen, daß das, was einst geschehen werde, die Ursache der höchsten Vorsehung sei? Und da das, was ich weiß, daß es ist, auch notwendig ist, so ist das, was ich als zukünftig kenne, auch selbst notwendig zukünftig; so geschieht es also, daß das Kommen vorausgewußter Dinge nicht vermieden werden kann. Endlich, wenn jemand meint, etwas könne anders sein als es sich wirklich verhält, so ist das nicht nur kein Wissen, sondern eine falsche Meinung, die weit entfernt von dem Wissen um die Wahrheit ist. Deshalb, wenn etwas Zukünftiges geschähe, dessen Eintreffen nicht sicher und notwendig ist, wer könnte dann vorauswissen, daß es eintreffen wird? So wie das Wissen selbst mit Falschem nicht vermischt sein kann, so kann auch das, was von ihm erfaßt wird, nie anders sein, als es erfaßt wird. Das nämlich ist die Ursache, weshalb die Lüge des Wissens entbehrt, weil es notwendig ist, daß sich eine Sache so verhält, wie das Wissen sie begreift. Wie also? Auf welche Weise sieht Gott eine unsichere Zukunft voraus? Denn wenn er das für unvermeidlich eintreffend hält, was möglichweise auch nicht eintreffen könnte, so würde er sich irren, was ebenso unrecht zu denken wie auszusprechen ist. Also, wenn er beschließt, daß die zukünftigen Dinge so sein werden, wie sie sind, und erkennen würde, daß sie sowohl geschehen wie nicht geschehen können, was ist dann dieses Vorauswissen, das nichts Sicheres und nichts Festes umgreift? Oder was ist das anders als die lächerliche Prophezeiung jenes Teiresias: »Was ich sage, geschieht oder geschieht auch nicht.« Worin würde die göttliche Vorsehung der menschlichen Meinung überlegen sein, wenn sie, ebenso wie die Menschen, das als ungewiß beurteilte, dessen Eintreffen ungewiß ist? Da aber bei dieser sichersten Quelle aller Dinge nichts ungewiß sein kann, so ist auch das Eintreffen der Dinge sicher, die jene als zukünftig fest vorausgewußt hat. Deshalb gibt es für menschliche Einsicht und menschliche Taten keine Freiheit, wenn sie der göttliche Geist ohne Irrtum und Falschheit insgesamt durchschaut, in eins zusammenfaßt und zum Eintreffen zwingt. Dies einmal zugegeben, ist klar, welch ein großer Zusammensturz der menschlichen Dinge daraus folgt. Umsonst nämlich wird ein Lohn des Guten oder eine Strafe des Bösen in Aussicht gestellt, sie hat ja keine freie und willentliche Bewegung des Geistes verdient. Und alles erscheint unbillig, was jetzt für billig gehalten wird, sowohl daß die Unredlichen bestraft werden, wie daß die Redlichen belohnt werden, die beide nicht der eigne Wille zu dem einen oder zu dem andern führt, sondern die sichere Notwendigkeit des Kommenden zwingt. Also nicht Laster oder Tugend sind etwas, sondern nur noch eine ununterscheidbare, wirre Vermischung aller Verdienste. Nichts Frevelhafteres läßt sich ausdenken, wie dies: Da die ganze Ordnung der Dinge sich von der Vorsehung herleitet, so geschieht es, da ja nichts den menschlichen Ratschlüssen freisteht, daß auch unsere Laster sich auf den Urheber alles Guten berufen können. So gibt es keinen Vernunftgrund, weder etwas zu hoffen, noch etwas zu erbitten. Wer denn wird etwas erhoffen oder erbitten, wenn alles Wünschenswerte durch eine unbrechbare Kette verknüpft ist? Zerrissen wird also jener einzige Verkehr zwischen Gott und den Menschen, nämlich die Hoffnung und das Gebet. Und wenn wir als Lohn echter Demut den unschätzbaren Wechselverkehr mit der göttlichen Gnade verdienen, was doch die einzige Art ist, wie Menschen sich mit der Gottheit unterreden können, so werden wir kraft des Gebetes früher mit jenem unerreichbaren Lichte verbunden sein, als wir Erhörung finden. Wenn aber, die Notwendigkeit alles Zukünftigen angenommen, jene keine Kraft haben sollen, wer wird es sein, dem wir als dem höchsten Ursprung der Dinge uns verbunden fühlen und anhängen können? Deshalb wird das menschliche Geschlecht notwendig, wie du noch eben gesungen hast, getrennt und unverbunden mit seiner Quelle ermatten.

III

Welcher Zwiespalt löste der Dinge
Festes Bündnis? Und welch ein Gott nur
Regt den Streit auf der Doppelwahrheit,
Daß, was einzeln stückweis sich anpaßt,
Sich einander gemischt nicht verbindet?
Oder ist kein Zwiespalt der Wahrheit?
Hängt auch das einzeln Sichre zusammen?
Schaut der Geist nur in stumpfe Glieder
Eingebettet, gesenkten Blickes
Nicht der Dinge zarte Verknüpfung?
Doch, was glüht er voll Eifer zu finden
Die verdeckte Kenntnis der Wahrheit?
Weiß er, was ängstlich er strebt zu wissen?
Doch wer sucht wohl bekannte Kenntnis?
Weiß er nicht? Wer strebt wohl nach Blindem,
Wer wird Ungewußtes sich wünschen?
Wer vermag Unbekanntem zu folgen?
Und wer kann, auch wenn er gefunden,
Unbekannte Gestalt erkennen?
Hat vordem, als das Höchste er schaute,

Er das Ganze gekannt samt der Teile?
Jetzt gehüllt in der Glieder Wolke
Hat er nicht völlig seiner vergessen,
Er hält das Ganze, verlor nur die Teile.
So schwankt ein jeder, suchend die Wahrheit,
Keinem gehört sie ganz, weiß nicht alles
Und ist völlig getrennt nicht vom Wissen.
Aber gedenkt er des bleibenden Ganzen,
Sucht er erhobenen Blicks das Verborgene,
Daß die vergessenen Teile er wieder
Füge zum Ganzen.

IV Darauf sprach jene: Alt ist dieser Streit um die Vorsehung, und er hat Marcus Tullius Cicero in seiner Schrift, in der er sich über die Weissagung ausläßt, auf das lebhafteste bewegt, und auch von dir ist diese Sache viel und sehr lange gesucht, aber bisher ist sie von keinem von euch klar und sicher genug herausgearbeitet worden. Der Grund dieser Dunkelheit liegt darin, daß die Bewegung der menschlichen Vernunftsschlüsse durchaus an die Einfachheit der göttlichen Vorsehung nicht herankommen kann. Wenn sie sie einmal zu denken vermöchte, so bliebe nichts Zweideutiges zurück. Ich werde versuchen, dies zuletzt zu erhellen und festzustellen, wenn ich zuerst geprüft haben werde, was dich jetzt bewegt hat. Ich frage nämlich, warum du die Beweisführung für weniger wirksam hältst, die jene folgendermaßen lösen wollen: Sie meinen, da die Vorsehung nicht die Ursache der kommenden Dinge sei, könne sie auch nicht die Freiheit des Wollens hindern. Ziehst du von wo anders her den Schluß von der Notwendigkeit zukünftiger Dinge als daher, daß das, was vorausgewußt ist, nicht

nicht geschehen kann? Wenn also die Vorauskenntnis den zukünftigen Dingen an sich keine Notwendigkeit zufügt, wie du eben auseinandergesetzt hast, was zwingt dann den freiwilligen Ausgang der Dinge zu notwendigem Geschehen? Setzen wir einmal beispielmäßig fest, damit du besser meinen Ausführungen folgen kannst, es gäbe keine Vorsehung, was nun, soweit das uns hier angeht, zwingt die aus Willkür geschehenden Dinge zur Notwendigkeit? – Nichts. – Nehmen wir nun wieder an, sie bestehe, aber nichts von Notwendigkeit binde die Dinge, so würde, meine ich, die gleiche Unbeschränktheit des Willens, die schrankenlose Freiheit bleiben. Die Vorsehung aber, sagst du, ist, obwohl sie die Notwendigkeit für das Geschehen des Zukünftigen nicht ist, so doch das Wahrzeichen für das notwendig Kommende; auf diese Weise stünde fest, daß auch wenn die Vorauskenntnis nicht wäre, es doch ein notwendiges Geschehen des Zukünftigen gäbe; denn jedes Wahrzeichen, so Großes es auch anzeigen mag, bewirkt in Wahrheit das nicht, was es bezeichnet. Deshalb wäre zuerst aufzuweisen, daß nichts ohne Notwendigkeit geschehen kann, damit die Vorsehung als Wahrzeichen für diese Notwendigkeit erschiene. Denn wenn diese nicht wäre, so könnte jene Vorsehung durchaus kein Wahrzeichen von etwas sein, das nicht ist. Aber nur der Beweis steht fest, der mit sicheren Vernunftschlüssen begründet und zusammengehalten ist, nicht der aus Wahrzeichen oder aus äußeren Argumenten hergeholt ist, sondern der aus übereinstimmenden notwendigen Ursachen sich ergibt. Aber wie ist das möglich, daß das nicht geschehen könnte, was als Zukünftiges vorausgeschaut wird? Gerade als wenn wir glauben würden, daß das, was die Vorsehung als Zukünftiges voraus weiß, nicht geschehen müsse, und nicht lieber meinten, daß dasjenige, dem es freisteht zu geschehen, seiner Natur nach keine Notwendigkeit zu geschehen habe, was dir hernach leicht freisteht zu untersuchen. Wir sehen nämlich mehrere Dinge, während sie vor unsern Augen geschehen, so wie man etwa die Wagenlenker sieht, wie sie ihr Viergespann lenken und umwenden und alles andere; zwingt nun dieses irgend eine Notwendigkeit, daß es so geschehe? – Keineswegs; vergeblich wäre die Wirkung der Kunst, wenn alles zwangsläufig sich bewegte. – Was also der Notwendigkeit des Soseins entbehrt, wenn es geschieht, wird ebenso, ehe es geschieht, in Zukunft ohne Notwendigkeit geschehen. Gewisse kommende Ereignisse also gibt es, die von aller Notwendigkeit frei sind. Denn das, meine ich, wird niemand sagen, daß das, was jetzt geschieht, auch nicht hätte geschehen können, ehe es geschah. Also auch das Vorhergewußte hat Freiheit des Geschehens; denn wie das Wissen um die gegenwärtigen Dinge diesen keine Notwendigkeit des Geschehens hinzufügt, so auch nicht das Vorherwissen denen, die geschehen werden. Dieses aber, sagst du, wird gerade bezweifelt, ob von den Dingen, die keine Notwendigkeit des Geschehens haben, irgend eine Voraussehung sein könne. Und du meinst auch, es sei ein Widerspruch, daß aus dem, was vorausgeschehen werde, die Notwendigkeit folge. Wenn aber die Notwendigkeit fehlt, kann nichts vorausgesehen werden; denn das Wissen kann nur Sicheres fassen, und wenn als sicher das vorgesehen wird, dessen Geschehen unsicher ist, so ist das eine Unklarheit des Meinens und nicht die Wahrheit des Wissens. Und mit der Reinheit des Wissens, so glaubst du, sei es unvereinbar, eine Sache anders zu beurteilen als sie ist.

Die Ursache dieses Irrtums ist, daß man glaubt, daß alle Dinge, die man weiß, aus einer ihnen innewohnenden

Kraft und aus der Natur des Gewußten erkannt werden. Doch das Entgegengesetzte ist der Fall; alles nämlich, was erkannt wird, wird nicht aus einer ihm innewohnenden Kraft erkannt, sondern gemäß der Fähigkeit des Erkennenden; was aus folgendem kurzem Beispiel erhellt: Die Rundheit irgend eines Körpers erkennt das Gesicht anders als der Tastsinn; jenes entfernt bleibend, schaut alles zusammen gleichsam durch hingeworfene Strahlen, dieser aber, der Kreisbewegung verhaftet und verbunden, begreift die Rundung, gleichsam um sie herumgehend in ihren Teilen. So betrachten auch den Menschen selbst anders die Sinne, anders die Vorstellungskraft, anders die Vernunft, anders die höchste Einsicht. Die Sinne nämlich beurteilen die Gestalt, wie sie in die untergeordnete Materie geprägt ist, die Vorstellungskraft aber nur die Gestalt ohne Materie; die Vernunft überschreitet auch diese und behandelt nur die Art selbst, die den Einzelwesen innewohnt, unter allgemeinen Gesichtspunkten. Das Auge der Intelligenz steht am höchsten; denn nachdem sie selbst den Umkreis des Universums überschritten hat, schaut sie jene einfache Form mit der reinen Schärfe des Geistes. Wobei besonders zu beachten ist, daß die höhere Kraft des Begreifens die niedere umspannt, während die niedere sich auf keine Weise zur höheren erheben kann. So gelten die Sinne nichts außerhalb der Materie, noch schaut die Vorstellungskraft die allgemeinen Arten, noch begreift die Vernunft die einfache Form, aber die höchste Einsicht gleichsam von oben schauend beurteilt die Gesamtheit, die Formen begreifend, die unter ihr sind, und zwar auf die Weise, daß sie die Form an sich, welche die anderen alle nicht erkennen können, umgreift; denn sie erkennt das Universum der Vernunft, die Gestalt der Vorstellungskraft und die sinnliche Materie nicht, indem sie sich der Vernunft, der Vorstellungskraft, der Sinne bedient, sondern indem sie mit einem Blick des Geistes gleichsam, wie ich sagte, das Ganze erschaut. Auch die Vernunft, wenn sie das Allgemeine betrachtet, bedient sich weder der Vorstellungskraft noch der Sinne, um das Dargestellte und Sinnliche zu begreifen. So nämlich bestimmt sie das Allgemeine ihrer Auffassung: Der Mensch ist ein zweifüßiges vernünftiges Wesen. Wer die Kenntnis des Allgemeinen besitzt, dem ist weder das Vorstellbare noch das Sinnliche unbekannt, was er nicht durch Vorstellung noch durch Sinnlichkeit, sondern durch die Vernunft ergreift. Auch die Vorstellungskraft, obgleich sie von den Sinnen des Gesichtes und Bildens die Gestalten herleitet, betrachtet bei Abwesenheit der Sinne das Sinnliche nicht kraft ihres sinnlichen, sondern ihres Vorstellungsurteils. Siehst du also, wie alle beim Erkennen sich mehr ihrer Fähigkeit bedienen als derjenigen des zu erkennenden? Und dies nicht mit Unrecht, denn damit jedes Urteil als ein Akt des Urteilenden besteht, ist notwendig, daß jeder seine Tätigkeit aus eigener Macht und nicht aus der andrer ausführe.

IV

Einstmals brachte der Stoa Kreis
Alte törichte Männer hervor,
Die da meinten, es sei dem Geist
Wie den Körpern von außen her
Bild und Sinne so aufgeprägt,
Wie der emsige Griffel einst
Auf die ebene Tafel, die
Noch von Zeichen nicht eine Spur
Eingeprägt, seine Lettern setzt.

Doch wie drückte lebend'ger Geist,
Ohne eigne Bewegung sich aus,
Wenn er selbst nur geduldig liegt,
Sich dem Eindruck des Körpers fügt,
Wenn er nur wie ein Spiegelglas
Gib ein Zerrbild der Außenwelt?
Woher käm' das Wissen dem Geist,
Das ihn stark macht das All zu schaun?
Wo die Kraft, die Besondres sieht
Und die teilt das, was sie erkennt,
Das Getrennte von neuem eint,
Daß sie wechselnd die Wege wählt,
Jetzt dem Höchsten das Haupt gesellt,
Jetzt zum Tiefsten heruntersteigt,
Wieder dann zu sich selber kehrt,
Und zur Wahrheit das Falsche führt?
Mehr bei weitem bewirkt die Kraft
Und viel mächt'ger ihr Anstoß ist,
Als wenn sie nach der Art des Stoffs
Jeden Eindruck nur duldend trüg.
Freilich geht ihr erregend vor,
Was die Seele voll Kraft bewegt:
Lebender Körper Empfänglichkeit.
Wenn das Licht in die Augen fällt,
Wenn die Stimme im Ohre schallt,
Dann erweckt auch des Geistes Kraft,
Was an innerer Schau er trägt,
Ruft zu gleicher Bewegung auf,
Paßt es äußerem Eindruck an
Und vermählt im Innern nun
Die verborgene Form dem Bild.

V Wenn also bei Körperempfindungen, obwohl die Eigenschaften der Dinge von außen her die Werkzeuge unserer Sinne beeinflussen und ein Dulden des Körpers der Kraft des handelnden Geistes vorangeht, was die Tätigkeit des Geistes in sich wachruft und die inzwischen im Innern ruhenden Formen erregt, wenn, sage ich, bei den Körperempfindungen der Geist nicht duldend den Eindruck empfängt, sondern aus eigener Kraft über den erlittenen Körpereindruck urteilt, um wie viel mehr folgt das, was von allen körperlichen Einflüssen völlig gelöst ist, beim Urteilen nicht den äußeren Gegenständen, sondern löst die selbständige Handlung seines Geistes aus. Aus diesem Gunde gehören den verschiedenen von einander abweichenden Substanzen auch vielfältige Erkenntnisarten zu. Sinnesempfindung für sich allein, von aller andern Erkenntnis entblößt, gehört den unbeweglichen Lebewesen zu, wie Seemuscheln und was sonst an Gestein haftend sich ernährt, Vorstellungskraft aber den beweglichen Tieren, denen bereits ein gewisser Trieb abzulehnen und zu begehren innezuwohnen scheint. Die Vernunft aber ist allein der menschlichen Art zu eigen, wie die Intelligenz nur der göttlichen. So kommt es, daß diejenige Erkenntnis immer die andere überragt, die aus eigener Natur nicht nur die eigenen, sondern auch die Objekte der andern Erkenntnisse kennt. Wie also, wenn die Sinne und die Vorstellungskraft der Vernunft wiederstrebten und sagten, daß jenes Allgemeine, das die Vernunft zu schauen meine, nicht sei? Was nämlich sinnlich und vorstellbar ist, das könne nicht ein Universelles sein, entweder sei also das Urteil der Vernunft wahr, dann gäbe es nichts den Sinnen Erfaßbares, oder da es ja an sich bekannt ist, daß es sehr vieles, was den Sinnen und der Vorstellungskraft unterworfen ist, gibt, so sei der

Begriff der Vernunft leer, der, was nur sinnlich und einzeln ist, als etwas gleichsam Allgemeines betrachte. Ferner, wenn nun die Vernunft dem entgegen antwortete, daß sie zwar das, was zu den Sinnen und der Vorstellungskraft gehöre, auf Grund der Allgemeinheit erblicke, daß jene hingegen zur Erkenntnis des Universellen nicht streben könnten, da ja ihre Erkenntnis über die körperlichen Gestalten nicht hinausgehen könne, daß sie aber an eine Erkenntnis der Dinge mit gefestigterem und vollkommenerem Urteil glauben müßten? Würden wir bei einem Streite dieser Art, wir, denen ebenso die Kraft des Vernunftschlusses wie der Vorstellungskraft und der Sinne eignet, nicht eher die Sache der Vernunft billigen? Ähnlich ist es, wenn die menschliche Vernunft meint, daß die göttliche Einsicht die Zukunft nicht erschauen könne, wenn sie nicht so wie sie selbst erkennt. Du schließest so: Wenn etwas keinen bestimmten und notwendigen Ausgang zu haben scheint, so kann es auch kein Vorherwissen von seinem bestimmten Ausgang geben. Von solcherlei Dingen gibt es also kein Vorherwissen; wenn wir trotzdem an ein solches auch bei ihnen glauben, so muß eben alles aus Notwendigkeit hervorgehen. Wenn wir, die wir der Vernunft teilhaft sind, die Urteilskraft des göttlichen Geistes besitzen könnten, so würden wir, ebenso wie wir urteilten, daß Vorstellungskraft und Sinne der Vernunft weichen müßten, auch für höchst richtig halten, daß die menschliche Vernunft dem göttlichen Geist sich unterordne. Darum sollen wir uns, wenn wir es können, zum Gipfel jener höchsten Intelligenz emporranken; denn dort wird die Vernunft sehen, was sie in sich nicht anschauen kann; auf irgend eine Weise wird dann eine Vorerkenntnis auch das, was keinen sicheren Ausgang hat, als sicher und bestimmt schauen: und dies ist keine Meinung, sondern vielmehr die in keine Grenzen eingeschlossene Einfalt des höchsten Wissens.

V Mannigfaltig über die Erde hin wandern Tiergeschlechter,
Diese schleppen gestreckten Leibes sich hin in niederem Staube,
Schnell mit kräftigen Sehnen ziehen sie dauernd ihre Furche.
Schweifend leichtgefiederte gibt es, die mit dem Winde flattern,
Schwebend schwimmen sicheren Fluges sie weit durch Ätherräume.
Andre freut's, wenn mit festen Tritten sie auf dem Boden schreiten,
Bald durcheilen sie grüne Gefilde, bald schlüpfen sie in Wälder;
Doch wie mannigfach und wie wechselnd auch die Gestalten scheinen,
Erdwärts dumpf zu neigen das Angesicht zwingt der Sinne Schwere.
Einzig tragen der Menschen Geschlechter nur ihre Stirne aufwärts,
Recken leichte Glieder und blicken so auf die Erde nieder.
Hat nicht irdischer Sinn dich gefesselt, dann mahnt dich dieses Gleichnis:
Wenn erhobnen Hauptes zum Himmel du mit der Stirne aufschaust,
Trag die Seele auf zum Erhabenen, daß nicht niedre Schwere
Tiefer als den aufrechten Körper dir deine Seele ziehe.

VI Da also, wie kurz zuvor gezeigt, alles, was gewußt wird, nicht aus seiner eigenen Natur, sondern aus der der Auffassenden erkannt wird, wollen wir nun, soweit es recht ist, betrachten, was der Zustand der göttlichen Substanz ist,

damit wir erkennen können, wie weit es etwa ein Wissen von ihr gibt. Daß Gott also ewig sei, ist das gemeinsame Urteil aller Vernunftbegabten. Wir wollen also untersuchen, was die Ewigkeit ist, denn aus ihr wird uns gleichmäßig die göttliche Natur und das göttliche Wissen erschlossen. Ewigkeit also ist der vollständige und vollendete Besitz des unbegrenzbaren Lebens, was aus dem Vergleich mit dem Zeitlichen noch deutlicher erhellt. Denn alles, was in der Zeit lebt, das geht als ein Gegenwärtiges vom Vergangenen weiter in die Zukunft, und es gibt nichts, was in der Zeit besteht, das seinen ganzen Lebensraum zugleich umfassen könnte. Sondern das Morgige erfaßt es noch nicht, das Gestrige aber hat es schon verloren, und auch im heutigen Leben lebt ihr nicht weiter als in diesem einen beweglichen und vorübergehenden Augenblick. Mag also auch das, was die Bedingungen der Zeit duldet, weder jemals angefangen haben noch aufhören, wie Aristoteles von der Welt urteilt, mag sich auch ihr Leben in die Unendlichkeit der Zeit erstrecken, so sollte man doch ein solches nicht mit Recht für ewig halten. Denn es erfaßt und umfaßt nicht den ganzen Umkreis des wenn auch unbegrenzten Lebens, sondern es fehlt ihm noch die noch nicht durchlebte Zukunft. Was also die ganze Fülle des unbegrenzbaren Lebens zugleich erfaßt und besitzt, dem weder etwas am Zukünftigen abgeht, noch vom Vergangenen verflossen ist, das wird mit Recht als ewig aufgefaßt, und das muß notwendigerweise seiner selbst mächtig immer als ein Gegenwärtiges in sich verweilen und die Unendlichkeit der beweglichen Zeit als eine Gegenwart vor sich haben. Darum ist die Meinung derer nicht richtig, die wenn sie hören, daß Plato glaubte, diese Welt habe weder Anfang in der Zeit gehabt, noch werde sie einen Untergang in ihr haben, annehmen, daß die geschaffene Welt auf gleiche Weise ewig sei wie der Schöpfer. Etwas anderes ist es, wenn ein unbegrenzbares Leben geführt wird, was Plato der Welt zuerteilt, etwas anderes, wenn ein unbegrenzbares Leben zugleich als eine ganze Gegenwart erfaßt wird, was offenbar die Eigentümlichkeit des göttlichen Geistes ist. Auch darf Gott nicht älter als die erschaffene Welt nach der Ausdehnung der Zeit, sondern vielmehr nach der Eigentümlichkeit seiner einfachen Natur angesehen werden. Denn die unbegrenzte Bewegung des Zeitlichen ahmt diesen gegenwartsbewußten Zustand unbewegten Lebens nur nach, und da sie nicht vermag, ihn nachzubilden und ihm gleich zu kommen, verfällt sie aus der Unbewegtheit in die Bewegung, aus der Einfachheit der Gegenwart schwindet sie dahin zur unendlichen Ausdehnung der Zukunft und Vergangenheit, und da sie die ganze Fülle ihres Lebens zugleich nicht besitzen kann, scheint sie mit dem, was sie irgendwie zu sein niemals aufhört und das sie doch nicht ausfüllen und ausdrücken kann, einigermaßen zu wetteifern, indem sie sich an die Gegenwart dieses wenn auch noch so geringen und flüchtigen Augenblicks heftet. Und da dieser ja ein gewisses Abbild jener beharrenden Gegenwart in sich trägt, so gewährt er denen, an denen er teil hat, daß sie zu sein scheinen. Da er aber nicht beharren kann, hat er den unbegrenzten Weg der Zeit ergriffen, und so ist es gekommen, daß er durch sein Weiterschreiten das Leben ununterbrochen macht, dessen Fülle er durch sein Beharren nicht zu umfassen vermochte. Wenn wir also den Dingen würdige Namen beilegen wollen, so wollen wir Plato folgend Gott zwar ewig, die Welt aber dauernd nennen. Da nun jedes Urteil seiner Natur gemäß das erfaßt, was ihm untersteht, Gott aber ein ewiger und immer gegenwartsbewußter Zustand zukommt, so verharrt auch sein Wissen, das jede Bewegung der Zeit überschreitet, in der Einfachheit seiner Gegenwärtigkeit, und indem es die unendlichen Räume der Vergangenheit und Zukunft umfaßt, betrachtet es alles, als ob es schon geschähe in seiner einfachen Erkenntnis. Wenn du also seine Gegenwärtigkeit, mit der er alles durch und durch erkennt, richtig abwägen willst, so wirst du sie nicht als Vorherwissen einer etwaigen Zukunft, sondern als ein Wissen um eine niemals versagende Gegenwart richtiger schätzen. Daher wird dies nicht Vorhersehen, sondern lieber Vorsehung genannt, weil sie fern von den niederen Dingen in sich begründet, gleichsam vom erhabenen Gipfel der Dinge alles vor sich sieht. Warum also forderst du, daß das notwendig geschehe, was vom göttlichen Licht erleuchtet wird, wenn nicht einmal die Menschen das, was sie sehen, zur Notwendigkeit machen? Leiht etwa dein Schauen dem, was du als gegenwärtig unterscheidest, irgendwelche Notwendigkeit? – Keineswegs. – Gleichwohl wenn es einen Vergleich würdig göttlicher und menschlicher Gegenwart gibt, so erblickt er alles in seiner ewigen Gegenwart wie ihr einiges in eurer zeitlichen seht. Deshalb verändert diese göttliche Vorerkenntnis die Natur der Dinge und ihre Eigentümlichkeit nicht und erschaut bei sich solches als gegenwärtig, was in der Zeit einst als zukünftig zum Vorschein kommen wird. Auch verwirrt sie nicht die Urteile über die Dinge und durch ein inneres Schauen ihres Geistes unterscheidet sie ebenso das was notwendig, wie das was nicht notwendig kommen wird, so wie ihr tut, wenn ihr gleicherweise einen Menschen auf der Erde wandeln und die Sonne am Himmel aufgehn seht; denn obwohl ihr beide zugleich erblickt, macht ihr doch einen Unterschied und urteilt, daß jenes freiwillig, dieses notwendig geschehe. So verwirrt das das Weltall durchdringende Schauen Gottes die Eigenschaften der Dinge keineswegs, nur daß sie vor ihm gegenwärtig, in Beziehung zur Zeit aber zukünftig sind. So kommt es, daß es keine bloße Meinung, sondern vielmehr eine auf Wahrheit gestützte Erkenntnis ist, wenn er weiß, daß etwas sein werde, und zugleich, daß es die Notwendigkeit der Existenz entbehre. Wenn du hier nun sagen wolltest, es könne nicht sein, daß das, was Gott als zukünftig geschehend erkenne, nicht eintreffen werde, was aber unmöglich nicht geschehen könne, das geschehe notwendig, und wenn du mich auf diese Bedeutung der Notwendigkeit festlegen willst, so will ich gestehen, es sei dies als Tatsache eine festbegründete Wahrheit, aber an sie kann nur der heranreichen, der die Gottheit schaut. Und ich will dir antworten, daß ein und dasselbe Zukünftige, wenn es auf die göttliche Erkenntnis bezogen wird, notwendig, wenn es aber nach seiner eigenen Natur abgewogen wird, völlig frei und gelöst erscheint. Denn es gibt zweierlei Notwendigkeit; die eine einfache, z. B. ist es notwendig, daß alle Menschen sterblich sind; die andere bedingte, so daß, wenn du von einem weißt, daß er geht, sein Gehen notwendig ist; denn was ein jeder weiß, das kann nicht anders sein, als daß es gewußt wird. Aber diese Bedingtheit zieht keineswegs jene einfache als Folge nach sich; denn sie macht zur Notwendigkeit nicht ihre eigene Natur, sondern das Hinzutreten der Bedingung; keine innere Notwendigkeit zwingt den, der nach eigenem Willen daherschreitet, zu gehn, obwohl es notwendig ist, daß wenn er schreitet, er geht. Auf eben dieselbe Weise ist das, was die Vorsehung als gegenwärtig sieht, notwendig, obwohl es keine Notwendigkeit von Natur hat. Freilich Gott schaut das Zukünftige, was aus der Freiheit des Wil-

lens hervorgeht als ein Gegenwärtiges. Also geschieht dies, auf das göttliche Schauen bezogen, mit Notwendigkeit vermöge der Bedingung des göttlichen Erkennens, für sich betrachtet aber läßt es nicht ab von der absoluten Freiheit seiner eigenen Natur. Also wird ohne Zweifel alles geschehen, was Gott als zukünftig geschehend zuvor erkennt; aber einiges hiervon leitet sich aus dem freien Willen ab. Dies verliert, obwohl es geschieht, durch seine Existenz doch nicht seine eigene Natur, vermöge deren es, bevor es geschah, auch hätte nicht geschehen können. Was kommt es also darauf an, daß es nicht notwendig ist, wenn es, bedingt durch das göttliche Wissen, durchaus so geschieht, als ob es notwendig sei. Freilich wie das eben von mir angeführte Beispiel der aufgehenden Sonne und des schreitenden Menschen zeigt, während es geschieht, kann es unmöglich nicht geschehen, und doch hatte das eine, bevor es geschah, Notwendigkeit zu sein, das andre aber keineswegs. So existiert auch das, was Gott gegenwärtig hat, ohne Zweifel, aber hiervon leitet sich dieses eine aus der Notwendigkeit der Dinge ab, jenes aus der Machtvollkommenheit der Handelnden. Also haben wir nicht mit Unrecht gesagt, daß dieses, wenn es auf die göttliche Erkenntnis bezogen wird, notwendig, wenn es aber an sich betrachtet wird, von den Fesseln der Notwendigkeit gelöst ist; wie alles was den Sinnen offenbar wird, wenn man es auf die Vernunft bezieht, ein Allgemeines, wenn man es an sich selbst betrachtet, ein Besonderes ist. Aber, wirst du sagen, wenn es in meiner Gewalt liegt, den Vorsatz zu ändern, so mache ich die Vorsehung nichtig, wenn ich vielleicht verändere, was jene vorher erkannt hat. Darauf antworte ich: du kannst zwar deinen Vorsatz ablenken, aber doch schaut die untrügliche Vorsehung sowohl, daß du das kannst, als auch ob du es tust und wozu du dich wendest als ein Gegenwärtiges. Du kannst das göttliche Vorherwissen nicht vermeiden, so wie du nicht dem Blick des gegenwärtigen Auges entfliehen kannst, obwohl du dich zu verschiedenen Handlungen nach freiem Willen wenden kannst. Was also willst du sagen? Wird sich das göttliche Wissen nach meiner Verfügung ändern, so daß, wie ich bald dies, bald jenes will, es auch die Art seines Erkennens zu wechseln scheine? – Keineswegs. – Denn allem Zukünftigen eilt das göttliche Schauen voraus, wendet es um und ruft es zurück zur Gegenwärtigkeit des eigenen Erkennens und wechselt nicht, wie du meinst, veränderlich bald das, bald das Vorhererkennen. Sondern es kommt beharrend mit einem Schlage deinen Veränderungen zuvor und umfaßt sie. Diese Gegenwart, alles zu umfassen und zu erblicken läßt Gott nicht aus dem Vorrat der Zukunft, sondern aus der Einfachheit seiner eigenen Natur herausgehen. Hieraus löst sich auch jenes andere Problem auf, das du kurz zuvor aufgeworfen hast, es sei unwürdig unsere zukünftigen Handlungen zur Ursache des göttlichen Wissens zu machen, denn diese Macht des Wissens, die durch gegenwärtige Erkenntnis alles umfaßt, stellt selber bei allen Dingen ihre Art fest und bleibt dem noch kommenden nichts schuldig. Da dies so ist, bleibt den Sterblichen eine unverletzte Willensfreiheit, und nicht unbillig stellen Gesetze dem von aller Notwendigkeit gelösten Willen Belohnungen und Strafen vor Augen. Auch bleibt droben das Weltall durchschauend ein vorauswissender Gott, und die immer gegenwärtige Ewigkeit seines Schauens trifft mit der zukünftigen Beschaffenheit unserer Handlungen zusammen, den Guten Belohnungen, den Bösen Strafen austeilend. Und nicht vergeblich bauen Hoffnung und Gebet auf Gott. Sie können, wenn sie richtig sind, nicht unwirksam sein. Widersteht also den Lastern, pfleget die Tugenden, erhebt den Geist zu rechter Hoffnung, richtet demütiges Gebet nach oben. Euch ist, wenn ihr euch nicht verleugnen wollt, die Notwendigkeit zur Redlichkeit auferlegt, da ihr vor den Augen des alles sehenden Richters handelt.